JOH. GUILIELMI BAIERI

COMPENDIUM

THEOLOGIAE POSITIVAE,

ADJECTIS NOTIS AMPLIORIBUS,

QUIBUS

DOCTRINA ORTHODOXA AD ΠΑΙΔΕΙΑΝ ACADEMICAM EXPLICATUR
ATQUE EX SCRIPTURA S. EIQUE INNIXIS RATIONIBUS
THEOLOGICIS CONFIRMATUR,

DENUO EDENDUM CURAVIT

CAROL. FERD. GUIL. WALTHER,

SS. Theologiae Doctor et Professor.

EDITIO AUCTIOR ET EMENDATIOR.

INDICES

FECIT

THEO. BUENGER.

IN URBE SANCTI LUDOVICI,
EX OFFICINA SYNODI MISSOURIENSIS LUTHERANAE,
(Concordia Publishing House.)
MDCCCIC.

EMMANUEL PRESS

Labia sacerdotis custodient scientiam. Mal. 2:7

Published by Emmanuel Press, Ltd.
2900 Burton St. SE, Grand Rapids, Michigan 49546 USA
www.emmanuelpress.us
March, 2006 A+D

ISBN 0-9763832-7-6

INDICES.

I. INDEX RERUM, NOMINUM, AUTORUM.

1

Arminiani s. Remonstrantes et *Arminius* (prof. Leidensis, † 1609) rationem principium theol. I, 83. non omnia in Scriptura inspirata 100. errores in Scriptura statuunt 101. — negant efficaciam verbi 161. — ad notitiam salutarem Script. opus non esse Spirit. Sanct. 176. — nomen יהוה creaturis tribuunt II, 7. — nonnulli Patri ἐξοχήν tribuunt 73. — de coelo fabulantur 82 s. — Filium Dei in V. T. non apparuisse 105. — de creatione angelorum errant 106, de imagine Dei 151. — angelos corporeos esse 107. — providentiam divin. susque deque habent 170. -- non distincte aeternitatem damnationis docent 222. — de resurrectione mort. dubitant 242. 248. — chiliasmum docent 256. — negant peccatum orig. 275. 282. — infantes esse sine pecc. 282. — in Adamo nos non lapsos 291. — eorum synergismus 300. III, 228. 216. 218. 325. — non omne peccatum esse crimen II, 326. — de invocatione Christi errant III, 67, de conceptione 85, de sessione ad d. D. 100, de obedientia activa ("Christus peccare potuit" Episc.) 119. — Christum novum legislatorem esse 106. 321. 376, non dolores infernales sustinuisse 87, sibi potestatem nos salvandi meruisse 120. — fidem non esse fiduciam 145; sed obedientiam 170. 281. 333; et conditiónem 270. — fidem infantibus denegant 161. — poenitentiam esse vitae correctionem 212. — imputationem justitiae Christi labefactant 253. — Christi meritum non profuisse, antequam fuisset 257. — perfectam legis impletionem possibilem esse 305. 328. 381. — bona opera necessaria ad salutem 333. 391, imo meritoria 336. — tempore ante Christum evangelium non praedicatum esse 384. — de discrimine legis et evangelii 391. 394. — de baptismo 439. 476. — de coena s. 507. 508. 527. — de electione 541. 556. 591. — pugnant contra certitudinem christianam 599. — ecclesiam penitus deficere posse 652. — praedicationem verbi non notam ecclesiae 655. — caesareo-papatum docent 696. — de necessitate vocationis minist. 704. — de potestate remittendi peccata 713.

Arnoldus, Joh. (Armin.), II, 291.

Arsacius (episc. Constantinop., † 406) III, 642.

Articulus, quid proprie notet I, 45.

Articuli fidei, quid sint 45 ss. — historica, moralia etc. non sunt a. f. 46. 66. — "verbum Dei condit a. f. et praeterea nemo" 46. 49. 141 ss., neque dicta patrum, ibid. 86. — quilibet articulus fidei ex sede propria judicandus 49. — a. puri et mixti 45. 48 s. 124. 181 s. — a. f. *fundamentalium* definitio 47. 49. — si unus amittitur, omnes paulatim amittuntur ("fides est una copulativa") 50 s. 52. — articuli simpliciter necessarii omnium temporum sunt 48. 52. — art. fund. non semper sub expressa necessitate credendi in Scrip. traduntur 52. — artic. fund. non generant fidem nisi cogniti 53. III, 137 s. — artic. fund. *primarii* I, 52 s., *secundarii* 58 ss., a. fidei *non-fundament.* 45. 47. 64 ss. III, 666. 667 s. — minime in utramque partem disceptari possunt, quorum in Scripturis habetur decisio III, 438. — distinctio in fund. et non-fund. non abutenda I, 65. — de circumfund. et praeterfund. 47. — de antecedentibus, constituentibus et consequentibus fidei ibid. — dist. in catholicos et theologicos, christianos et ecclesiasticos 65. — dist. inter substantiam a. f. et explicationem eorum 60. — quilibet art. fid. habet propriam in Script. S. sedem, ex qua judicandus 49. — catalogus librorum canonicorum a. f. non est 68. — a. f. "fundamentalissimus" justificatio III, 246. — an consensus in omnibus requiratur, vid. unitas ecclesiae.

Articuli Smalcaldici: verbum Dei condere articulos fidei I, 46. 86. — contra enthusiasmum 88 s. — de invocatione angelorum II, 131. — rationem hum. peccatum orig. plene cognoscere non posse 281. — de necessitate mediorum gratiae III, 155. — de varietate eorum 261. — de contritione 212 s. — veram fidem amitti posse 172. — de gravitate doctrinae justificationis 240 s. — peccata operibus bonis adhaerentia remitti 282. — a dignitate ministrantis efficaciam sacramentorum non dependere 407. — unde virtus aquae bapt. 471. — incredulos non esse membra ecclesiae 618. — de verbis "nequaquam largimur ipsis, quod sint eccl."

$A \dot{\upsilon} \vartheta \varepsilon \nu \tau \acute{\iota} a$ Scripturae vid. auctoritas.

עוֹרִם II, 265.

Aureolus (scholast., † 1322) II, 13.

$A \dot{\upsilon} \tau o \chi \varepsilon \iota \rho \acute{\iota} a$ II, 324. III, 357.

Averroes (phil. arab., † 1198) II, 166. 176.

Azorius, Jodocus (Jesuita, † 1607), III, 677.

Baader, Franz X. (philos., † 1841), III, 19.

Baierus, Joh. Guil. (autor huj. Comp.), vita ejus a J. C. Zeumer I, I ss. — tractatus et dissertationes p. VI, VI ss. — dedicatio h. comp. p. XI ss. — praefatio p. XVI ss. — programma de concilio Hierosolymitano p. XIX ss.

Balduinus, Friederic. (prof. Witteb., † 1627), de sensu duplici vocis religionis I, 13. — quidnam de articulis fidei quilibet idiotarum tenere debeat 60. — de quaestionibus theologicis 67. — quando ratio renatorum corrupta dicenda sit 85. — an Deus adhuc futura revelet 88. — approximationem spec. substantiae Dei non docet II, 25 s. — ad 1 Cor. 13, 12. 182. — de synteresi 269. — subjectum quo peccati orig. esse animam 295. — de scandalo 314. — de verbis formulae bapt. : ,,und was er selbst dazu gethan'' 322 s. III, 473 s. — solis vere renatis peccatum in Spiritum S. tribuit II, 328. — ad Phil. 2, 5. ss. III, 79. 82. — ad 1 Tim. 4, 8. 314. — de haereticorum baptismo 441 s. — de certitudine Christianorum de salute 597 ss. — abstinendum esse a sacris haereticorum 641 ss. — ecclesiae claves datas esse 695. — ecclesiam corruptam verum ministerium habere 698. — de ordinatione 702. — ad Col. 3, 16. 704. — imperium domesticum viro esse 779. — de servitute 783 s.

   Naevus : expectandam esse ante jud. ext. insignem Judaeorum convers. II, 258.

Baptismus, locus de bapt. III, 434—488. — significatio vocis 436. — etymologia vocis ,,taufen'' 447. — bapt. sanguinis, flaminis, luminis etc. 436. — causa effic. Christus cum Patre et Sp. S., qui bapt. instituit et frequentari praecepit 436 s. — caus. impuls. interna et externa 440. — b. non est substantia sed actio 456. — definitio 488.

   causa *ministerialis* ordinarie est minister eccl., in casu necessitatis laicus aut femina. 440. 408 ss. 494. 687. 690. — minister baptizans vicarius Dei 459. — an seipsum baptizare liceat 442. — baptismus a nonbaptizato ratus 442. — an exul bapt. administrare possit 705. — de haereticorum baptismo 440 ss.— contentio de bapt.tempore Cypriani 644.

   materiale est aqua et ejus applicatio 443 ss., non liquor alius 444 s. — quare Deus aquam destinaverit 443. — an consecratio aquae necessaria sit 461, an immersio totalis 445 s. — Cyprianus et Lutherus hac de re 446 s. — Baierus mentionem *coelestis* materiae bapt. omittit; opiniones nostratium hac de re enumerat 447—456.

   non sufficit sonum *verborum institutionis* habere 441; 458. — verba inst. sunt *formale* bapt. 456. — quid denotet phrasis ,,in nomine P. F. et S. S.'' 457. — an alia phrasi uti liceat 458 ss. — bapt. ,,in nomine Christi'' 459. 461, ,,in nomine Trinitatis'' 459, ,,in mortem Domini'' 460, ,,in nominibus'' ibid. — an b. sit, si syllaba in verbis bapt. mutetur ibid. — quid $\mu a \vartheta \eta \tau \varepsilon \acute{\upsilon} \sigma a \tau \varepsilon$ Matth. 28. denotet 464.

   finis cui sunt omnes homines 461 ss., iique soli 462, jus mediatum et immediatum ad bapt. 469. — Christi bapt. 462. — Christi baptismo omnes aquae consecratae sunt. 461. — quare Christus XXX. anno bapt. sit 464 s. — qua ratione sacramentis Christus usus est 414. — infantum b. probatur 463 ss. (vid. infantes). — adultorum baptismus 481. — omnes baptizati non eodem modo regenerantur 482. — an infantes haereticorum, apostatarum, etc. etc. baptizandi 469 ss. — invitis parentibus bap. non administrandus 468 s.

   finis cujus bapt. regeneratio, renovatio, salus aet. 470 ss. — ,,fides sacr., non sacr. justificat'' 156. 470. — quomodo fides ad b. se habeat 156 s. 470 s. 479 s. — hac de re Luth. et al. 471. — non dicendum, sacr.

non habere efficaciam absque fide 471. — aqua b. regenerat quatenus
conjunctum habet verbum ibid. — non otiosum est quod adulti renati
baptizentur 472. 184 s. — non solus baptismus, sed etiam verbum causa
regenerationis (contr. Kahnis.) 184. — concupiscentia tollitur, ut non
obsit 473. 483. — hypocritae quoque perfunduntur Spiritu S. 456. —
regeneratio non ad substantiam, sed ad effectum b. pertinet 482. — b.
per omnem vitam fidelibus prodest (foedus gratiae) 483 s. — *externus*
finis: coalitio in unam societatem 475. — b. causa instrument. renovationis 309. 473 s. — nobilissima verba Lutheri de fructu b. 483 ss.
　　de *variis* ceremoniis ac ritibus b. 485 ss. — b. iterandus non est 186.
488. — b. bonum ecclesiae 441. — ubicunque baptizatur, ibi ecclesia
647. — de b. conditionali 459. — necessitas b. non est absoluta 466 ss.
— „contemptus sacr. damnat non privatio" 466. — de infantibus ante
b. defunctis vid. infantes. — de verbis formulae b. „die er selbst dazu
gethan" II, 322 s. III, 473 s. vid. sacramenta.
　　Antitheses: de institutione et necessitate b. 439 s. — de laicorum
b. 442 s. — quinam non in nomine Patris Fil. et Sp. S. baptiz. 460. —
bapt. sine aqua 444. — in nomine Mariae 460. — consecrationem aquae
b. necessariam esse 461. — paedobaptismi rejectio 465. — de infantibus
ante b. defunctis 468. — liberos fidelium sanctos nasci docent Calviniani 478 s. — in b. peccata plane tolli II, 306. III, 473. 475. — quinam
de fine et fructu b. peccent 475 s. — baptizatum apostatam membrum
Christi manere (Delitzsch.) 482. — b. non esse causam instrumentalem
renovationis (Calviniani) 474. — b. fidem primitus operari per modum
operis operati (Carpzov et Romani) 157. 476.
Baptismus Johannis sacramentum N. T. et idem cum b. Christi 437 s. —
Joh. 3, 5. Christus de b. Joh. loquitur ibid. — Kromayerus Johannem
in nomine P. F. et Sp. S. baptizasse probare conatur ibid. — momentum quaestionis de b. Joh. ibid. — antitheses 438 s.
Baradius, Sebast. (Jesuita, † 1615), III, 121.
Barnerus, Henr. (Lutheranus, † 1664), III, 686.
Baronius, Caesar (cardinal.. † 1607), I, 164.
Basilides (gnost. saec. II.) et Basilidiani II, 2421. III, 755.
Basilius Magnus (archiepisc. Caesar., † 379) de usu vocis οἰκονομίας et θεο-
λογιάς I, 5. — definit normam 85. — τὸ λογικόν hominis partem perspica-
cem vocat II, 91. — materiales esse angelos 107, et ante mundum
creatos 106. — imaginem homini concreatam fuisse in anima sola 150.
— invidiam primum peccatum angel. 133. — erronea dicta de conversione III, 227. — qualis fides ecclesiae talis baptismus 441. — Christi
professionem esse totius Trinitatis S. S. professionem 459. — de controversia ejus cum ecclesia Caesariensi 645.
Bartholinus, Thomas (medicus Coppenhag., † 1680), II, 13.
Baumgarten, Mich. (prof. Rostoch.), II, 83. 116. III, 25.
Baumgarten, J. S. (Hallensis, † 1757), II, 255.
Beatitudo aeterna, locus II, 181—203. — artic. fid. fundament. I, 53. — simpliciter necessarius 58. — finis ultimus Scripturae 117. — sine impedi-
mento secutus esset, si homo imaginem div. retinuisset II, 159. — beat.
aet. est ea operatio, qua Deo perfecte fruimur I, 38. II, 181. — distincte
ex lumine nat. cognosci non potest 181. — in hac vita perfecte declarari
nequit 198. — potitur homo Deo per *visionem* beatificam I, 11. II, 181 s.
seu cognitionem Dei intuitivam 182 s. ejusdem cognitionis collatio
cum cognitione Dei in hac vita 182 s. — loca Matth. 5. 1 Cor. 13. 1 Joh. 3.
Ebr. 13. de visione beatifica loquuntur 182. 196. — cog. b. non est eadem,
qua Deus cognoscit 183. nihil eorum, quae in Deo formaliter sunt,
intellectum glorificatum latebit ibid. — an decreta Dei et actiones creaturarum vi illius cognitionis cognoscantur ibid. 186. III, 17. — quid
sit lumen gloriae 184. III, 581. 582. — visio b. est actus necessarius
II, 184. — beatis etiam cognitio aliarum rerum e. g. sociorum beatitudinis competit 185. — an b. suos cognatos inter damnatos sint visuri
ibid. — visio b. hominem summi boni participem et Deo similem facit

186 s., ad amorem Dei intensissimum trahit I, 38. II, 187., beati igitur
a Deo deficere et peccare nequeunt ibid. — major est sanctitas beatorum
quam quae protoplastis concreata erat 188. — quamvis indifferentia ad
bonum et malum tollatur, libertas locum habebit 189. — ex vis. beatif.
nascitur voluptas 189 s. — beatit. status omnium bonorum aggregatione
perfectus 191. *dona corporum* beatorum 190—198. — quare aequuum,
ut corpus beetur 191. — corporum spiritualitas (corp. sunt animae sub-
jecta) 191 s., subtilitas 192, illocalitas, ibid. — sunt definitive in certo
πoῦ ibid. — agilitas — an beati possint se movere in instanti 192 s. —
pondus et virtus 193. — impassibilitas et immortalitas 193 s. — invisibilitas cum potestate apparendi 194, impalbabilitas 194 s., claritas 195,
pulchritudo 195. 248 s. — corporis organis beatitudo augebitur 195 ss.
— an beati oculis essentiam divinam visuri 195 s., voce *externa* Deum
glorificaturi sint (de lingua) 197.

de inaequalitate et *gradibus* claritatis 190. 197 s. — haec aequali-
tatem beatit. non tollunt 197 s., neque invidiam spargunt ibid. — an in
essentiali gloria diversitas statuenda sit 198. — ,,Omnibus una salus
sanctis sed gloria dispar'' ibid. — visio beat. una cum amore et gaudio
omnibus beatis aeque perfecta erit, cognitio aliorum objectorum major
aut minor esse potest 190. — major gloria non ex merito operum fluit
198. 200.

Lutheri dictum de nova terra et coelo explicatur 200.

causa efficiens Deus triun.; impuls. intern. bonitas Dei; externa
princip. meritum Christi; subjectum quod omnes homines finaliter credentes 200. — subj. quod etiam angeli 125 s. — subj. quo anima et
corpus 202. — finis bonitatis, sapientiae, veracitatis et potentiae divinae gloria 202. — descriptio beat. 203. — beat. a. finis remotior imaginis div. erat 159.

Antitheses: gradus gloriae negantur 198. terrenae cogitationes de
beat. enarrantur 199 s. — sine fide homines salvari posse 201 s. — gentiles ex merito operum beat. a. consequi 202. III, 381.

Bebelius, Balth. (prof. Witteb., † 1686), I, 163.
Becanus, Martinus (Jesuit., † 1624), SS. Trinitatem ex ratione probare conatur II, 63. — de coelo empyreo 82. — de angelo custodiali 130. — de
adoratione angelorum 131. — contr. communicationem idiomatum III,
58. — negat Christum pro omnibus esse mortuum 123. — justificationem
esse mutationem qualitatum docet 249. — fidem non esse instrumentum
solum in justificatione 270. — de sacrificiis ante Mosen 370. — hominem
legem implere posse 381. — pascha fuisse sacrificium 430. — de septem
sacramentis 436.
Beck, J. T. (neoteric. prof. Tubing., † 1878), II, 108.
Beckmannus (Becmann), Joh. Chr. (Calv., † 1717), II, 14.
Bengelius, Joh. Alb. († 1752), de trichotomia II, 92. — pater chiliasmi recen-
tioris 256. — papam non esse magnum antichristum III, 683.
Bellarminus, Robertus (Jesuit., † 1621), quattuor principia theologiae facit
I, 81. — rationalismo deditus 82. — de inspiratione 95. 100. 101. —
contr. necessitatem Scripturae 107. 176 s. — ex clero haeresiarchos pro-
diisse 116. — dist. inter verbum Dei intern. et extern. 161. — laicis
non esse jus judicandi de doctrina 188. — nomen Jehovah etiam angelis
tribuit II, 7. — Patri respectu Filii majoritatem adscribit 73. — creatianismum docet 102. — angelos omniscios etc. esse 132. — de limbo
infantum 199 s. — sanctos esse aliquo modo redemptores nostros 234.
— de poena purgatorii 238. — infantes non habere peccata actual. 323.
— de peccato in Spiritum S. 329. — gratiam esse otiosam complacentiam III, 11. — Deum variis modis potuisse liberare nos 13. — unionem
naturarum labefactat 34. — λόγον extra carnem subsistere 38. — de
communicatione idiomatum 50. 56. 59. — de Christi vi remittendi peccata 60, passione 87, exaltatione 89, descensu 92. — de dextra Dei
100. — de conciliis evang. 105. — Christum secundum hum. nat. tantum esse mediatorem 126. — fidem non esse notitiam 137. 138, neque

14   I. INDEX RERUM, NOMINUM, AUTORUM.

rato 476. — de discrimine legis et evang. 394. — causam praedestinationis esse merita 555.

Billroth, J. G. F. (prof. philos. Hallensis, † 1836), III, 19.
Bis demortui II, 236.
Bisterfeld, Joh. Heinr. (theol. et philos. saec. XVII.) II, 63.
Blasius de Viegas (Jesuit., † 1599), II, 124.
Bocoldus, Joh. (Anabapt. coryphaeus, † 1536), III, 755.
Bodecherus, Nic. (saec. XVII), I, 161.
Bodinus, Gerhardus (Lutheran. theol., † 1697), II, 116.
Boehme, Jac. (sutor Görlitz., theosoph., † 1624), II, 83. III, 295.
Boehmerus, J. Ch. (prof. et superint. luth., † 1732), I, p. XXIII.
Boesius, Joh. Geo. (diacon. Sorannensis, † 1700), III, 238.
Boethius (Boetius) (phil., † c. 525), II, 27. 31. III, 590.
Boethius, Henr. (prof. Helmst., † 1622), II, 245.
Bonaventura, Johannes (scholast., † 1274), II, 11. 182. III, 101. 506.
Bonfrerius, Jac. (Jesuit., † 1643), I, 116.
Bonifacius (Apost. German., † 755), III, 460.
Bonitas Dei non contradicit justitiae I, 18. III, 12 ss. — in se et formaliter spectata 11, 44 s. — causa impulsiva interna theologiae I, 41, consignatae Scripturae 105, creationis II, 96, beatitudinis 200 etc. etc.
Brecklingius, F. (fanaticus, † 1711), II, 256.
Brentius, Joh. (reformator Sueviae, † 1570), qualis traditio locum habeat circa Scripturam I, 144. — de efficacia verbi extra usum 158. ad Joh. 14, 23. II, 25. — deitatem passam esse carne 49. — creationem animae asserit 102. — mutationem coeli et terrae expectat 266. — de notione vocabulorum „infra" et „supra" in rebus spiritualibus 220. — de ubiquitatis voce III, 63. — fidem habere duas manus 168. — verbum esse causam instrumentalem regenerationis 184. — a Luthero laudatur, quod doctrinam de justif. semper urgeat 241. — de sabbato 354. — de formula bapt. 448 s. — otiosum non esse baptism. adultorum 472. — civitatem non esse in ecclesia, sed ecclesiam in civitate II, 126. III, 725. — de magistratus potestate in ecclesia 734 s.
Bresser, Martinus (Jesuit., † 1635), III, 255. 506.
Bretschneider, Car. Gottl. (Gothae, † 1848), I, 77.
Britanni, vid. Presbyteriani.
Brochmandus, Casp. Erasm. (theol. luth. Danicus, † 1652), de objecto theol. I, 43. — neque ecclesiam neque apostolos articulos fidei condere posse 49. — de corporibus angelorum apparentium II, 113. — an Deus sit auctor inferni 216. — Christum non venisse, si homo non peccasset III, 102. — de libertate christiana 293. — intentio bona quomodo se habeat ad bonum opus constituendum 321 s. — doctrinam de praedestinatione praedicandam esse 534 s. — de electionis et salutis nostrae certitudine 599 ss. — an exul potestatem eccl. habeat 705. — sponsalia ob capitales inimicitias solvi non posse 751. — sororem defunctae uxoris ducere non licere 767 s.
  Naevi: infideles virtute meriti Christi resurrecturos II, 245. — pascha fuisse sacramentum et sacrificium III, 430.
Brownius, Thom. (medicus anglic., † 1682), II, 247.
Brunistae III, 705.
Brunfeldius (Brunsfels), Otto (medicus Bern., † 1534), II, 125.
Bruta, eorum animae cum corporibus dissolvuntur II, 89. — ab humanis diversa ibid. — non peccant 273. 276.
Bucanus, Guilielm. (Calvin. sec. XVII.), de reprobatione et redemptione angelorum II, 124. III, 122. — fidem non esse omnium 158. — contritionem evangelicam dari 215, antinomus fuit 393. — sacramenta nuda signa 417. — de verbis institutionis c. s. 519. — Christum et angelos ingredi numerum electorum 570. — electos fidem amittere non posse 591. — haereticos morte puniendos esse 736.
Bucer, Mart. (Argentoratens., † 1551), III, 92.
Bucholtzer, Christoph. Joach. (JCtus saec. XVII.), III, 768.

tentiam, fidem esse causam impuls. m. pr. praed. 565 s. — quo sensu
apostoli omnes, ad quos scripserunt, electos dicant 579. — electos perire
non posse 590. — de certitudine praed. 601. — de vocis reprobationis
usu Calviniano 603. — hypocritas membra *ecclesiae* non esse 620. —
Arianos et Socinianos extra ecclesiam esse 641. — invisibilitas ecclesiae 650. — dist. inter schisma et haeresin 663 s. — de gradibus in officio
ministerii 706. — quorum sit jus excommunicationis 715.
    Propositionem, Christum secundum hum. nat. esse Filium Dei
naturalem etc. rejecit III, 42. — de intercessione Christi post consum-
mationem saeculi 127. — ad Lev. 18, 18. 770.

Calvin, Johann († 1564), negat inspirationem I, 100. — dist. inter verbum
internum et externum 161. — praevidere apud Deum esse decernere
II, 31. 171. — de termino Trinitatis etc. 58. — Dei nomen κατ' ἐξοχήν
Patri adscribit 73. — de angeli increati apparitionibus 105. — de redemptione angelorum 124. III, 122. — negat peccatum orig. II, 295. —
ad 1 Tim. 2, 4. III, 8. — supralapsarius est 9. — Christi meritum et
satisfactionem labefactat 47. 75. 117. — ad Phil. 2, 5. ss. III, 79. —
Christum desperasse 87. — de corpore Christi glorificato 95. — sanguinem Christi in terra relictum, ibid. — obedientiam Christi activam
asserit 119. — Christum sibi aliquid meruisse negat 20. — Christum
pro angelis satisfecisse docet 122. — de intercessione Christi 127 s. —
de fide infantum 160 s. II, 201. — dist. inter poenitentiam legalem et
evangelicam III, 215. — contr. unionem mysticam 295. — ejus distributio decalogi 346. — sacramenta esse externam testificationem 404.
— nuda signa 417. — improbat baptismum a laico administratum 442 s.
— liberos fidelium sanctos nasci 478 s. — indignos corpus Christi non
manducare 507. — contr. veram praesentiam corp. et sang. Christi in
c. s. 508. — ejus interpretatio verborum instit. 518. — praedestinationem ad mortem statuit 525. 607. — electos fidem amittere non
posse 591.

Calviniani s. Reformati, Rationem principium theol. faciunt I, 82 s. 84; in-
primis rationem regenitam 85. — errores de omnipraesentia II, 23. —
voluntatem liberam Dei perverse explicant 37. — de voluntate signi et
beneplaciti III, 9. — coelum beatorum esse locum corporeum II, 82.
— angelos mediatore opus habuisse 124. — de imagine divina 148. —
,,quicquid Deus futurum novit id decrevit'' 177. — resurrectionem impiorum dependere a Christi merito 245. — denegant humanae nat. Christi
potestatem judicii 259. — Deum directe et oblique causam peccati
faciunt 274. — negant peccatum originis 282. — de peccatis venialibus
325. — solis non-renatis peccatum in Spiritum S. assignant 329; irre-
missibilitatis causam hujus peccati in Deo esse dicunt, ibid. — dicta
Scripturae, quae de universali gratia agunt pervertunt III, 8 s. — universalem gratiam negant 9. 17. 546. — labefactant unionem personalem
34; communicationem naturarum 37 s. 61; comm. idiomatum 41. 46 s.
50. 75; in specie majestatis 56; omniscientiae 58; omnipotentiae 59;
potestatis vivificandi 60; omnipraesentiae 65. 295; honoris divin. 67.
— negant κοινοποίησιν 74; propositionem ,,Deus est passus'' 75. 46 s. —
non distinguunt inter ταπείνωσιν et κένωσιν 77. — ad Joh. 17, 5. 79. —
Christum esse corruptae massae particulam 570. — sec. utramque naturam Christum se exinanivisse 77 s. 79 s. — Christum desperasse 87. —
de exaltatione 90. — de descensu 92. — de resurrectione 94. — de glorificato Christi corpore 95. — sanguinem Christi computruisse, ibid. —
de sessione ad dextram 100. — oblique satisfactionem Christi labefactant 117. — Christum per se legi obnoxium fuisse 119. — non pro omnibus satisfecisse 122 s. 257. — de Christi officio regio 133. — variae
opiniones de fide infantum II, 201. III, 160 s. — fidem veram amitti
non posse 173. 591. — regenerationis reiterationem negant 190. — de
poenitentia 211 s. — de gratia irresistibili 233. — de ,,prima et secunda
conversione'' 235. — de unione mystica 295. — bona opera esse necessaria ad salutem 333. — eorum distributio decalogi 346. — sacramenta

nuda signa 417. 527 s. — contr. baptis. a laico administratum 442. — infidelium liberos, etsi in potestate Christianorum sint, non baptizandos 465. — bapt. necessitatem medii non adscribunt 466. — de ,,baptism. interno et externo" 474. — liberos fidelium sanctos nasci II, 282. III, 478 s. — verba institutionis non esse sedem doctrinae de *coena s.* 489 s. — fractionem panis necessariam esse 496. — de pane eucharistica 500. — corpus Christi ab indignis non manducari 507. — realis praesentia negatur et blasphematur 508. — non habent sacramentum s. coenae 521. 642. — eorum interpretatio verborum instit. 518 s. — praedestinationem ad mortem statuunt 17. 535, quam doctrinam cor ecclesiae Calvin. dicunt 607. — de vocatione universali 546. — meritum Christi ex causis praed. excludunt 558 s. — Christum et angelos praedestinatos esse 570. — creationem, Christi satisfactionem, cet. esse effectus praed. 577. — de ordinatione 699. — ministros verbi peccata remittere non posse 712. — haereticos gladio puniendos esse 736.

Calvinianorum nonnullorum antitheses: enthusiasmus I, 90. — disting. inter verbum internum et externum 161 (cf. III, 474). — attributa Dei esse non-entia II, 13. — creationem animae immediatam asserunt 102. — angelum foederis fuisse ang. creatum 105. — angelos corporeos esse 108. — de eorum electione 124. — de angelis tutelaribus 130. — de gradibus gloriae 198. — plerique omnes de beatorum gaudiis ἐπίγεια φρονοῦσιν 200. — sine fide homines salvari posse 201. — eorum chiliasmus 256. — notabilem seu universalem Judaeorum conversionem docent 258. — mutationem coeli et terrae expectant 266. — liberos fidelium sanctos nasci 282. — absolutam necessitatem defendunt 301. — Christum secundum divin. naturam se exinanivisse III, 77. — obedientiam activam negant 119. — Christum sibi vitam aeternam meruisse 120. — non esse mediatorem sec. utramque naturam 126. — de intercessione Christi 127 s. — verbum non esse medium salutis 339. — de baptismo Johannis 439. — de effectu baptismi 476. — vid. Calvinus, Beza, Zwinglius, alii.

Calviniani hypothetici et categorici III, 9. 122. — supralapsarii et sub-vel infralapsarii 9. 570 s. 607. — rigidiores et mitiores 122.

Calvoerus, Caspar (theol. Luther., † 1725), I, 65. III, 754.

Camero, Joh. (theol. Calv. Gallus, † 1625), III, 9. 122.

Campanarum baptismus improbandus III, 462.

Canon vid. Κανών.

Canonistae III, 321.

Canus, Melchior (Dominicanus Hispan., † 1560), I, 166. II, 79.

Capacitas conversionis passiva, non activa, in homine est III, 222.

Caput ecclesiae Christus III, 621 s.

Caritas vid. amor; dilectio.

Caro cum concupiscentiis suis II, 283 ss. III, 194. 199 s. 302. vid. resurrectio; Christus; σαρκοπνευματομαχία.

Carolstadius, Andreas R. Bodenstein († 1541, Basil.), de lege forensi III, 372. — vocem sacramenti rejicit 402. — ejus interpretatio vocis τοῦτο 518; refutatur 516. 517 s. — de magistratu 728.

Cartes, Renatus de (philos., † 1650), II, 86.

Carpocrates (gnost. saec. II.) et *Carpocratiani* II, 242. III, 755.

Carpzovius, Joh. Ben. (prof. Lips., † 1657), quid Aug. Conf. de art. nonfundamentalibus doceat I, 66. — quo sensu Libr. Symbolici sint norma 139 s.; ϑεοπνευστίαν eorum rejicit 141. — in Art. II. A. C. infantes gentilium non damnari II, 213 s. — de errore Flacii 288. — an peccatum orig. sit positivum quid 289. — de justificatione objective et subjective consid. III, 150. 271. 285. — verbum et sacramenta esse organa effectiva et dativa (Art. V. A. C.) I, 42. III, 261. 473. — fidem apprehensivum organon 267 s. — quo sensu remissio peccat. objectum fidei sit. 285. — Scripturam inter justificationem et sanctificationem distinguere 300; quaenam sit haec differentia 301. — de lucta carnis adv. spiritum 307. — solum evangelium instrumentum renovationis 308 s. — renova-

3

Chiliastae II, 199. 255 s. III, 91 s.

$X \rho \eta \sigma \tau o \tau \eta \varsigma$ III, 6.

Christus Jesus, significatio et usus nominum III, 19. 101. — qua ratione differant 101. — filius hominis octogies in Scriptura dicitur 20. — nomina officii 75; ea competunt Christo sec. utramque nat. 126.

Varia: C. J. est fundamentum fidei et salutis I, 51. 54. — christologia est centrum theologiae 45. — momentum hujus loci 54. III, 18. — est articulus fidei prim. I, 53. — Chr. satisfecisse pro nobis cognoscendum est 54. — necessitas satisfactionis III, 12 ss. 14 s., an Deus nos alio medio salvare potuisset 13. — „si homo non periisset, filius hominis non venisset" III, 18 s. 101 s. — „o beata culpa, quae talem meruit habere redemptorem" II, 293. III, 102. — cur Deus non statim post lapsum Messiam miserit III, 102. 257. — meritum Chr. profuit antequam fuit 122. 256 s. — dist. inter salvatorem mediatum (sc. S. S. Trinit.) et immediatum 20. — partes hujus loci 20. — Christum flevisse legimus, risisse non legimus 29. — praerogativa humanae Christi naturae 30. — de creatione mundi διὰ Chr. II, 95 s.; quomodo quaedam dicitur ignorasse III, 57. — num unica guttula sanguinis sufficiens 121. — quo sensu dicatur praedestinatus 570. — ejus professio totius S. S. Trinitatis professio 459.

De persona: requirebatur, ut et Deus et homo et sec. utramque naturam mediator sit III, 54. 70. 71. 72 s. 73. 106. 123. 126. — consideratio divin. naturae θεολογία, hum. οἰκονομία appellatur III, 23. — est verus Deus II, 49 ss. III, 20; verus homo nobis consubstantialis 20 ss. — quomodo nobis et Patri consubstantialis 22 (II, 57). — τὸ ἀπρόσ-ληπτον ἀθεράπευτον 21. — λόγος facultatem gubernatricem supplevit, ibid. — Christus sec. hum. nat. creatura 22. — una persona in duabus naturis 23 s. — in eo non ἄλλος καὶ ἄλλος sed ἄλλο καὶ ἄλλο III, 66. (II, 59.) — „descensus" λόγου de coelo 23. — de una subsistentia 24 s. — generatio aeterna II, 50. 60 ss. III, 25, et temporalis 25 ss. — ἅμα σὰρξ, ἅμα λόγου σὰρξ 26. — cur incarnatus sit *Filius* Dei 26 s. — quis sit Filius II, 74. — an Chr. sec. hum. nat. sit Filius Dei naturalis III, 34 s. — causa eff. h. n. Spiritus S. ceteris personis non exclusis 27. — infirmitatibus communibus obnoxius, non personalibus et peccato 28 s. — libertas ejus non infert libertatem peccandi 29. — an persona composita dicenda 48. II, 18. III, 31.

Vid: *Adamus; adventus; angelus* Jehovah; *agnus paschalis; anima; baptismus* (finis cui)); *communicatio naturarum; communicatio idiomatum; corpus; caput; exinanitio; exaltatio; incarnatio; lex; liber vitae; Moses; natura divina et humana; officium proph., reg., sacerd.; passio; regnum* Chr.; *sacrificium; unctio; unio naturarum;* vid. etiam causa meritoria omnium fere locorum theol.

Antitheses: incursiones Satanae in h. l. III, 18. — enummeratio hostium deitatis Christi II, 52. — incarnationem in primo signo rationis independenter a praevisione peccati decretam fuisse III, 18 s. — veritas hum. nat. negatur 21 s.; unionis naturarum et personalis 34; communicationis naturarum 38. — extra carnem λόγον subsistere asseritur 37 s. — in incarnat. Chr. desinere Deum esse 38. — eum secund. hum. nat. Filium Dei adoptivum, creatum, non Deum personaliter 42. — Deum passum non esse 46 s. 75; rejiciuntur propositiones personales 41; communicatio idiomatum 50; comm. majestatis 56. 80. — genus ταπεινωτικόν 56. — negatur comm. omniscientiae 57 s. 80, omnipotentiae 59 s. 80; potestatis vivificandi 60, remittendi peccata 60. 713, omnipraesentiae 65. 80; tertium genus comm. id. 74. — Chr. sec. div. nat. se exinanivisse dicitur (κένωσις) 77 ss. 79 s. — exinanitionem fuisse κρύψιν 82 s. (88). — Joh. 17, 5. — de conceptione 85. de partu 86. de passione 87. de triduo mortis 88. de exaltatione 89 s. de descensu 91 s. de ascensione 97. de sessione ad d. D. 100. de unctione 101. de informatione ad officium proph. 104. de offic. prophetico 106. de sacrificio 110. — docetur eum esse novum legislatorem III, 105 s. 376 s.;

redemptionem non esse satisfactoriam 15. 112. 116 s. — eum occasione tantum passum esse 114 s. 117. — peccare potuisse 119. — antith. ratione finis cui satisfactionis 122; obedientiae activae 119 s.; intercessionis 127 s.; officii regii 133. — an praedestinatus sit 538 s. 570 s. — docetur eum non sec. utramque naturam esse mediatorem 126; eum desperavisse 87; eum esse corruptae massae particulam 570.

Chrysippus (phil. stoicus, † c. 208 ant. Chr.) II, 176.

Chrysostomus, Johannes (patriarch. Const., † 407), voce ϑεολογίας utitur I, 5. — superbiam primum peccatum angel. fuisse II, 133. — de voluntate Dei antecedente et consequente 36. III, 11. — μὴ ζητῶμεν, ποῦ ἐστιν (sc. infernus), ἀλλὰ, πῶσ ψεύγωμεν II, 220. — par esse, ut quisque nostrum non minus gratias agat Christo, quam si ob ipsum solum venisset III, 141. — Scripturam esse principium theol. solum 451. — mortuos non baptizandos 462. — quid sit causa praesentiae corp. et sang. Chr. in c. s. 493. — heterodoxam ecclesiam deserendam esse 665. — de imperio domestico 779. — quanta fuerit caritate apud auditores 642.

 Naevi. notitiam Dei naturalem sufficere ad salutem II, 10. — errores de angelis 106. 129 s. de imagine 150. de statu animarum ante judicium extremum 236. — intercessionem Christi esse nudam dilectionem 127. — erronea de conversione dicta 227.

 Pseudochrysostomus, ejus distributio decalogi III, 346.

Chytraeus, David (prof. Rostoch., † 1600), II, 187. Philippista III, 212.

Ciborium III, 506.

Cicero, M. Tullius († 43), de immortalitate animae I, 18. 31. II, 231. — de notitia Dei naturali II, 25. — de natura corrupta 31. — quam late patuerit usus linguae Graecae 145. — de voce religionis 14. — de Deo 24. — negat praescientiam II, 176. — de longaevis 228.

Circumcisio, ejus institutio III, 421. — mundus eam contemnit 421. — causa efficiens princip. et impulsiv. interna et externa 421 s. — causa ministerialis patriarchae, sacerdotes, laici 422 s. — materiale est praeputium et ejus amputatio 423 s. — mentio materiae coelestis omittitur 423. — ὀνομαϑεσία in ea mandatum div. non habet 424. — formale est verbum instit. 424. — de promissione Gen. 21, 7. 424. — formula circumcisionis Judaeorum 424. — defectu c. feminae gratia foederali privatae non sunt 425. — subj. circ. 424 ss. — quare VIII. dies destinata sit, ibid. — omissio ejus per annos XL. itineris, ibid. — necessitas in V. T. 426. — finis cujus gratiae collatio (fides), segregatio, salus 426. — effectus apud infantes et apud adultos 427.

Civiliter bonae actiones viribus naturae peragi possunt II, 171. — quomodo eas div. providentia respiciat, ibid. — eas Deus remuneratur 172. III, 336.

Civitas non in eccl. sed vic. vers. II, 126. III, 725.

Claritas Scripturae externa I, 169. 170.

Claves et potestas ecclesiastica idem significant III, 690. — datae sunt toti ecclesiae 690 ss., eis solis, qui habent Spiritum S. 692. 695. — papae minime commissae 692. 694 s. — errores de potestate clav. 696. Lutherus de potestate clavium III, 264 s. vid. potestas.

Clemens, Titus Flavius (Alexand., † c. 220), voce theologiae utitur I, 1. *Naevi:* Graecos justificabat philosophia, multae enim sunt viae ad salutem II, 10. — de filiis Dei (Gen. 6.) 116. — angelos ortu malos esse 133. — de descensu Christi III, 92. — conversionem non esse reiterabilem 237.

Clerus, de notione vocis III, 701. — ad 1 Petr. 5, 3. 722.

Clichtovaeus, Jodocus (canon. Carnotensis, † 1543), II, 73.

Cloppenburg, Joh. (prof. Calv., † 1668), II, 82.

Coccejus, Joh. (prof. Calv. Leidens., † 1669), III, 257.

Coccius, Jod. (apostata, c. 1600), I, 163.

Cochlaeus, Joh. (papista, † 1552), III, 156.

Coelestes prophetae (tempore Reformat.) III, 339.

Coelestinus I. (pont. rom. 422—432) II, 233.

Coelestinus, Joh. Fr. (prof. Jenens., † 1572), II, 288.
Coelestis res sacramentorum III, 411 s. 423. 431. 447—456.
Coelestius (haer. pelag. saec. V.) II, 102.
Coelibatus Pontif. III, 777. — ad 1 Cor. 7., ibid.
Coelum, Gen. 1, 1. ab elementis non distinguendum (contr. Baier.) II, 77 s.
— de coeli creatione 81 ss. — de c. empyreo 81. — de ,,ubi" beatorum,
ibid. III, 96. — de c. conflagratione 82. — terrenae cogitationes de
coelo (beatitudine) 199 s. — ,,coelum novum" 266. — quid sit coelum
naturae (aereum), gratiae, gloriae III, 96. — de c. in quod Christus
ascendit 97.
Coemeteria, varia de eis II, 239. — quomodo consecranda non sint 240.
Coena sacra, locus III, 489—531. — collatio c. s. cum baptismo 489. — synonyma, ibid. — Joh. 6. non est sedes doctrinae 490. quo respectu articulus de persona Christi in censum veniat 490 s. — causa eff. 491. —
caus. impuls. intern. et ext. 492. — causa praesentiae corporis et sang.
in qualibet celebratione ipsa institutio 493. — caus. ministerialis minister eccl. 494. — an laicus c. s. administrare possit 494. 408 ss., an exul
705. — ab haereticis sumenda non est 642 s. — consecratio 493. 494 s.
— distributio et fractio 105 oo. an formula distributionis ad essent.
pertineat 496 s. — formula ,,Chr. dicit" etc. rejicitur 497. — sacramen-
tarii non habent c. s. 521. — quo sensu sacrificium vocari possit 529.
— frequentanda est 491. — definitio 531.
in *verbis institutionis* forma consistit 520 s. — verba inst. sedes doctrinae sunt 489 s. — vox calicis sumitur μετωνυμικῶς 489. — in celebratione verba inst. pronuncianda sunt 495. — ea in sua nativa vi acci-
pienda 509 ss. — ,,τοῦτο est corpus meum" panem non excludit 498 s.,
sed ad solum panem non pertinet 519. — ,,est" non interpretandum
voce ,,significat" 510 ss., nec ,,corpus" voce ,,signum corporis" 512 ss.
— quo sensu τοῦτο non δεικτικῶς acc. 516. — enumeratio variarum inter-
pret. Calv., ibid. 518 s. — Zwinglius interpretationem suam ex peculiari revelatione innotuisse vult I, 90. — de vocibus: εἰς τὴν ἐμὴν ἀνάμ.
523, εἰς ἀφ. ἁμαρ. 524 s., ἡ καιν. διαθ. 524. 525. — quomodo nectenda verba
,,in sanguine meo" 525.
materia duplex praeeunte Irenaeo 497. — mat. terrena 498 ss.,
ea non aboletur (contr. transubst.) 498 s. — quo sensu patres de mutatione locuti sint 499. — panis et vinum habent rationem materiae in usu
tantum 501. — mat. *coelestis* 501—520: non est totus Christus (contr.
Pontif.) 502. — qua ratione praesentia sacram. differat ab omnipraesentia 502. — unio sacram. et modus praesentiae 502 ss. — consubstantiatio 502 ss., et impanatio etc. rejiciuntur 502. 518. — ,,in, cum, sub"
502. 516 s. — ,,verborgen im Brod so klein" 503. — ,,nihil habet rationem sacram. extra usum" etc. 504 ss. — ,,dicendo dedit et dando dixit",
,,accedat verbum ad elementum" etc. 408. 471. 504. 505. — corpus Chr.
ab indignis manducatur 506. 667, ore quidem sed modo incomprehensi-
bili 507 s. — vera et realis praesentia c. et s. probatur 509 ss. — ea non
pugnat cum articulis fidei aliis, e. g. ascensione Chr. 517. 97 s. — neque
cum Joh. 6. 517 s. et Phil. 3, 21. 501. — manducatio spiritualis corporis 523. — de phrasi ,,panis est corpus" 518.
finis cui: omnes christiani, qui se probare possunt, admittendi 521.
— quid sit ,,probare se", ibid. — omnibus symbolum utrumque dan-
dum 521 s. — indigni ad c. s. admittendi non sunt 515. 708. — quo sensu
inter manducationem indignam et m. indignorum non distinguendum
507. — *finis cujus et fructus* est recordatio et commemoratio mortis Chr.
523, obsignatio promiss. de remiss. pecc. 524 s., confirmatio fidei 525,
spiritualis nutritio 527, unitio spiritualis cum Christo 525, dilectio
mutua 529. — c. s. est medium exhibitivum gratiae 261. — per eam
justificatio continuatur, ibid. — c. s. est causa instrum. renovationis
309. 527. 529. — variae fines minus princ. 529. — a verbo fructus de-
pendit 524. — unio quaedam sacramentalis inter Christum et fideles
statuenda non est 526 s. — absentibus et mortuis celebratio c. s. nihil
prodest 529 s.

Antitheses : fractionem panis ad essentiale c. s. pertinere 496. — de sedibus doctrinae 488 s. — transubstantiatio 498 s. — de pane eucharist. 500. — unionem sacrament. extra usum durare 506. — adoratio panis 506. — indignos c. et s. Christi non manducare 507. — dignitatem in fide quaerendam non esse 507. — distinctio inter manducationem indignam et indignorum, ibid. — vera praesentia negatur 508 s. — Calv. interpretationes verborum instit. 518 s. — antith. Kahnisii 519 s. 528. — communio sub una 522 (ea *ποτηριοκλεψία* dicitur 677). — de unione essentiali Christi nobiscum 526. — de fructu 527 s. — de missa 529 s. — de formula ,,Chr. dicit" etc. 497.

Cogitationes, peccata II, 324, bona opera III, 315. 211.

Cognitio abstractiva, intuitiva, comprehensiva II, 183. c. comparativa II, 187. 189. — quam Deus de se ipso habeat et Christus homo de Deo I, 4, c. theologorum, ibid. — quam de Deo in hac vita habeamus 183, post hanc vitam I, 4. vid. beatitudo (visio beatifica). — per lumen naturae Deus non cognoscitur distincte I, 10. II, 181. — quod homo Deum recte cognoscere non potest, consequens peccati orig. est II, 284. — cognitio hominis in statu integritatis constituti 150. — c. angelorum triplex 110 ss. I, 4. angelorum malorum 134, damnatorum 206, c. nuditatis protoplastorum 295. — cognitio explicita articulorum fundament. necessaria I, 53. — vid. notitia.

Cognoscere notitiam practicam importat III, 569. 610.

Colloquia privata ad mutuam aedificationem III, 704. — mutuum colloquium est organon gratiae 261.

Colloquium Cassellanum (1661) III, 672. Mompelgartense (1586) 62. 190. 448. 476. 518. 606. Ratisbonense (1601) I, 166.

Collyridiani (haeret. saec. IV) II, 233. III, 442.

Comenius, Joh. Am. (theol. et philos. Calv., † 1671), II, 92.

Communicatio corporis et sang. Christi III, 489. 498. vid. coena sacra.

Communicatio naturarum in Christo III, 35 ss. — *περιχώρησις* 33. 36. *λόγος* semper sibi carnem praesentissimam habet, ibid. — nullibi est extra carnem suam 37. 61. — similitudo unionis animae et corporis, vid. anima. — actus naturalis et personalis 37.

Communicatio idiomatum III, 43—75: momentum hujus doctrinae 43. 54. — artic. fund. secundarius I, 58. 61. — ex comm. nat. fluit III, 43. — vox idiomatis latius accipitur 43 s. 70. — est comm. *κατὰ συνδύασιν* 44. — similitudo unionis animae et corporis 44. vid. anima. — quid communicatum sit in tempore, ab aeterno II, 51. — divinitatis propria numquam fiunt idiomata humanitatis et vic. vers. III, 33. — tria genera 45. 74. — an quattuor genera III, 45. — *I. genus* (*ἀντίδοσις*), quo Deus sibi vendicat quae sunt hominis et vic. vers. 44—52: fundamentum huj. gen. 45. 46. — qua ratione Filio Dei tribuatur passio 46 ss. — particul. diacriticae 49 s. (68). — praedicationes 45 ss. — *II. genus* (*μεταδίδοσις*), quo perfectiones div. hum. naturae in abstracto communicantur 52—70. — notio vocis ,,in abstracto" h. l. 52. 68. — comm. majestatis 52. — quare Form. Conc. tertio loco ponat 53. — Graecorum nomina, ibid. — vocatur in Scriptura unctio, ibid. — reciprocatio hic locum non habet, ibid. — omnia attributa hum. naturae communicata sunt, sed non eodem modo praedicari possunt 53 ss. — qua ratione *ἐνεργητικά* et *ἀνενέργητα* idiomata communicata sint 54 ss. 68 ss. — omnia, quaedam, nulla comm. sunt 54 s. — omniscientia 56 ss., quomodo Christus dicatur quaedam ignorasse 57. — omnipotentia 58 ss. — omnipraesentia 60 ss. — vis vivificandi 59 s., remittendi peccata, ibid. (60. 713), judicandi 65. II, 259. — theologia *ἀρχέτυπος* I, 4. — honor divin. et gloria III, 65 ss. — majestas non aequali modo sese habet ad utramque naturam 59. — particul. diacrit. in II. gen. 68. — quomodo comm. h. facta est sec. Form. Conc. 68. — praedicationes 68 ss. — *III. genus* (*κοινοποιία*), operationes sunt utrique naturae communes 70 ss. — *ἀποτελέσματα* ibid. — est consequens comm. majest. 71. — naturarum confusio et actionum separatio cavendae sunt, ibid. — summa necessitas mediatoris, qui est

24 I. INDEX RERUM, NOMINUM, AUTORUM.

Deus et homo 71—73. 123—126. — agit utraque natura quod suum est
cum communicatione alterius 73 s. 126. — nomina officii 75. — vid.
naturae Christi.
Conceptio Christi, conc. momento Chr. θεάνθρωπος fuit III, 26. — qua ratione
ad statum exinanitionis pertineat 84 s. — Christus non ob conceptio-
nem e Spiritu S. Filius Dei vocatur, ibid. — miraculosa fuit 28 s. —
Sp. S. guttas sang. in ea sanctificavit II, 65. III, 84.
Concilia, heterodoxi ad ea non admittendi III, 657. — laici admittendi 656.
657. — qua auctoritate convocanda 657. — errores Pontif. de auctoritate papae circa concilia 657. I, 81. — de praesidio in c. 658. — in eis
nova dogmata condenda non sunt, ibid. 611. — conc. oecumenica, par-
ticularia, nationalia, dioecesana 658 s. — c. errare possunt et errave-
runt (exempla) 659. 661. — judicium auctoritativae decisionis non habent I, 186.
Concilium Arelatense I. (a. 314) III, 442. — Basiliense II. (a. 1431—43)
659. — Chalcedonense, II. generale (a. 541) II, 59. III, 73. — Con-
stantinopolitanum, V. generale (a. 553) III, 58. — Constantiense (a.
1414) 522. 659. — Florentinum (a. 1439) 659. — Hierosolymitanum apostolorum (circa 51). Baicri programma de eo I, XIX ss. — Latera-
nense generale (a. 1215) III, 659. — Nicaenum, I. generale (a. 325)
II, 58. 59. III, 442. 659. 660. 693. — Tridentinum (a. 1545—1563). vid.
Tridentinum. — Vaticanum (a. 1870) I, 81. — Viennense (a. 1311)
III, 160.
Concio δοκιμαστική III, 702.
Conclusiones, vid. Consequentiae.
Concupiscentia prava, vis in facultates animae II, 286. — causa effic. pecc.
actualis est 315. 322. — quid denotet Jac. 1, 14. 316. — semper in renatis est III, 236 s. 302 s. 285. — in praec. IX. et X. prohibetur 367.
Concomitatia rejicitur III, 502.
Concursus Dei universalis et specialis II, 167 ss. — neuter tollit libertatem
humanae voluntatis 175. — supernaturalis cum Scriptura I, 132. —
conc. cum causis secundis II, 168; ex Dei c. pendet efficacia panis et
medicamentorum 168 s. — quinam negent c. 169 s., ad producendum
hominem 170 s. — creaturarum existentia a Dei concursu pendet 168.
— gratiosus cum verbo III, 547 s. — an Deus ad peccata concurrat.
vid. Deus.
Conditio, fides non satis commode conditio salutis dicitur III, 268 s. 389,
nec praedestinationis 567.
Confessio peccatorum coram ecclesiae ministro III, 709 ss. — c. oris (Rom.
10, 10.) 279 s. — *Belgica* 476. — *Helvetica* 65. 509. — *Palatina* 19. —
Remonstrantium 170.
Confirmatio III, 480. Vilmarius eam sacramentis annumerat 480 s.
Congregationes III, 634. — congressus sacri 628.
Conjugium III, 745—779: notio vocis 746. — causa eff. c. abstractive et concretive considerati Deus est 746 s. — causa actus contrahendi ipsi conjuges eorumque parentes 747. — causa impuls. interna et externa ex
parte conjugum 748 s. — judicium de conj. ad magistratum et ecclesiam pertinet 746. — necessitas consensus parentum 747 s. — consensus mutuus facit matrimonium 749. 751 ss. — vir caput uxoris 779. —
forma est obligatio mutua (vinculum conjugale), non copula carnalis
772 s. — est indissolubile 773. — casu adulterii et malitiosae desertionis divortium fieri potest, ibid. — de impotentia 776. — separatio quoad
thorum et mensam, ibid. — finis cui 776, ministris verbi uxorem ducere
licet 777. — finis cujus est procreatio sobolis, mutuum adjutorium,
conservatio ecclesiae et rei publicae 777. — remedium adversus pravas
libidines 778. 756. — materia 754. — conj. senum 756. — cum uxoris
defunctae sorore 767—770. — an omnia conj. in prohibitis gradibus
inita dissoluenda 770 s. — officia varia 778 s. — definitio 779. — vid.
copulatio; polygamia, sponsalia; gradus conjugii prohibiti.
Antitheses: parentum consensum non requiri 748. — polygamiam
esse licitam 755 s. — de gradibus 765. — de coelibatu 777.

Conopeum, ciborium aliquibus vocatur III, 506.

Conscientia, συντήρησις, ex testimonio ejus probatur esse Deum II, 8 s. — arguit peccata I, 15 s. 26, semper eis adversatur II, 269. — c. erronea non obligat sed ligat, ibid. — homo peccat et si contra et si juxta c. erroneam agit, ibid. — de peccatis voluntariis contra c. rectam, erroneam, probabilem, dubiam II, 320 s. — c. pavores III, 197. 212. — instar testis se habet 247. 248. — pax c. effectus justificationis 288 s. — definitio c. II, 269.

Consecratio aquae baptism. III, 461. — elementorum s. c. 493. 494 s. — c. conjugii vid. copulatio.

Consensus ecclesiae non est principium theol. I, 85 ss. — ,,quod ubique, quod semper, quod ab omnibus'' etc. 88.

,,**Consensus** orthodoxus'' (Calvin. conf.) III, 65.

Consequentiae et conclusiones, virtualiter et formaliter praticae I, 7. — per consequentias *legitimas* articuli fidei ex Script. deducuntur 50. 81. 180 ss. — consequentiae *rationis* in theol. rejiciendae III, 153 s. 579—585. — negatio artic. secund. adversatur fundamento fidei per c. 62. — de c. evidentia 62 s. — conclusio est de fide, ubi altera praemissarum revelata, altera evidens est 144. 147.

Conservatio II, 167—170: est actus providentiae divin. 167. — creationis et existentiae continuatio 167 s. — concursus Dei ad eam 168 ss.

Consilia evangelica, Pontific. de eis III, 105. — norma directrix operum bonorum non sunt 318. — Christus non dedit 375 ss., enumeratio eorum 376.

Consistoria, jurisdictionem juris divini non habent 706. — cum trepidatione instituta sunt 738 s., primo sine jurisdictione, ibid. — ,,wir müssen die C. zerreissen'' (Luth.) 739.

Consolatio vel ad παιδείαν vel ad διδασκαλίαν referenda est 2 Tim. 3. III, 708.

Constantinus, Magnus (imp. Rom., † 336), III, 237.

Constitutio theologiae I, 76 ss. II, 3. 223 s. 267. III, 3. 337.

Constitutiones apostolicae III, 354.

Consubstantiatio III, 502 s.

Consummatio saeculi s. mundi, c. judicium sequetur II, 264. — mundus quoad substantiam peribit 264 s. videtur etiam in statu integritatis locum habuisse 265. — ex Rom. 8, 19. s. et Ps. 102, 25. ss. probari non potest mundum quoad subst. non interiturum 265 s. — quomodo Lutheri verba intelligenda 266. 265. — sententia de c. mundi non est artic. fid. prim. 266. — c. mediante igne, ibid. — ,,nova terra et coelum'', ibid. — Antithesis, — c. s. est medium εἰσαγωγικόν salutis III, 337.

Contingentiam rerum scientia Dei non tollit II, 31.

Contradictiones I, 84. — contrad. in adjecto in Scriptura inveniuntur, ibid.

Contritio est displicentia peccatorum cum pavoribus conscientiae conjuncta III, 212. (196 s.) conversio c. supponit, ibid. — Art. Smalc. et Apol. de contr. 212 ss. — passiva contr. 212. — contr. Sauli et Judae 213. — qua ratione non ex amore Dei fluat, ibid. — praecise spectata non est pars poenit. salutaris 214. — per accidens, non ut opus Dei, est peccatum, ibid. — personae in statu irae positae, ibid. — habet suos gradus 214. — nova obedientia ex ea non nascitur 236. — remissio peccatorum non a qualitate ejus pendet 263 s. — vid. poenitentia.

Conversio III, 191—240: vox transitive et intransitive accipitur 191 s., late et stricte 192. — necessitas c. 177 s. — c. ordinaria et extraordinaria 204. — prima et secunda 206 s. — prima et reiterata 234. — poenitentia stantium c. continuata [c. quotidiana], ibid. — c. Abrahae, magorum, latronis, Pauli 206 s. — falsae opiniones de usu hujus vocis 192 s. — synonyma 193. remissio peccatorum proprie loquendo non est pars conv. 195. — justificatio non est c. 279.

> *terminus* a quo formalis sunt peccata actualia et habitualia diversimodo spectata 193. — t. a quo object. res e. g. idola 195. — aliter scorta, aliter divitiae, aliter ipse satanas deserendus, ibid. — term. ad quem formalis fides, object. Deus 195 s. — quomodo pecc. actual. et

4

habitualia aboleantur 196 ss. 199 s. — term. a quo et ad quem ex parte intellectus 199 s., voluntatis 201.

forma c. est ex statu irae in statum gratiae translatio 178. 203 s. — conversio ipsa *in instanti* fit 203 s. 220, praeparatio ad c. successive, ibid. — contritionem supponit, non dicit ἐπιστροφὴ 212. — fides est quasi anima c. 214. — *actuum* spiritualium et animalium definitio 207. — actus paedagogici (ecclesiastici, sacri externi) circa media exerceri debent 209 s. 219. — auditus verbi externus et internus 209 s. 548. — ad actus spirituales homo ineptus ante conv. 218.

causa effic. princ. Deus trin., isque *solus* 215 s. — impulsiva interna miseric. Dei, extern. meritum Chr. 216, instrument. (lex et) evangelium 216 s. — qua ratione crux causa inst. sit 216 ss. — Form. Conc. tres causas c. rejicit 227. de phrasibus ,,Deus volentem trahit'' et aliis, ibid. — causa conv. unice penes Deum (Musaeus) 227. — voluntas est materia in c., non causa cooperans 223. 235. — *homo* nihil quicquam conferre potest ad c. inchoandam et perficiendam 218 s. — unus altero minus est indispositus sed non magis dispositus 218. — Scriptura silet de probitate praerequisita 218. — h. in conv. non habet liberum arbitrium 220. — mere passive se habet 222. homini tribuitur capacitas passiva c. 222. — neque per vires a Deo concessas homo cooperatur in c. 223 ss. — Deus praestat ut actu velimus 224. 225. — homo non potest velle convers. 226. — homo ante absolutam c., stricte sic dictam, non habet actiones spirituales, luctam carnis vs. spiritum etc. (contr. Baier. et Mus.) 202 s. 205, neque deliberationem de spiritualibus 225. — homo mortuus est in initio et progressu c. 225. — dicitur se convertere ut navis etc. 227. — inter conversum et non-conversum non datur medium 225. — determinatio (,,Entscheidung'') 225. — explicatio mandatorum, adhortationum etc. ad conv. II, 298 s.

c. non fit potentia *irresistibili* 204. 225. — de necessitate conv. 226. — homo convertitur libere privative 226. — de gratia resistibili 230 s. — primi motus gratiae praevenientis inevitabiles 231. — pium desiderium ante conversionem non est actus deliberatus 225. — de absentia repugnantiae vid. repugnantia.

causa discretionis cur alii convertantur, alii non conv. 227. — libertas non converti et lib. converti manant ex diversis principiis 231. — a potestate gratiam repudiandi ad potestatem eam amplectandi N. V. C. 232. — quare Deus damnet eum, qui suis viribus se convertere non potest et quare donum fidei non omnibus largiatur cognosci non potest in hac vita 581. — omnipotentia sua absoluta Deus omnes convertere posset 13. 584. — Deus non in omnibus aequaliter operatur 16. 153 s. 581. 582 ss. — ,,gratia amplior'' 575. 580. 605.

subjectum quod conv. 234. — infantes converti usitate non dicuntur sed regenerari, ibid. — subj. quo conv. anima 235. — *finis* prox. justificatio, ultim. salus hom. et gloria Dei 235 s. — consequens conv. nova obedientia, quae ex fide, non ex contritione nascitur 236. — χιλιάκις μετανοήσας, χιλιάκις εἰσελϑε 237 s. — vera poenitentia etsi sera salutaris est 238 s. — sera poenit. raro est vera 239. — differre conv. periculosissimum 238 s. — controversia terministica 238. — definitio c. transit. et intrans. accept. 239. 240.

antitheses: eorum, qui negant Deum esse caus. eff. conv. eumque solum 216. II, 300 s. — errores de poenitentia III, 211 s. — Latermanni error II, 301. III, 223. 225, Drejeri 223 s., neotericorum II, 301 s. III, 228 ss., Calvin. aliorumque de irresistibilitate motus in c. 233 s. — causam discretionis in Deo esse III, 16; in homine 556.

vid: *gratia Dei; Judaei; liberum arbitrium; poenitentia; repugnantia; cooperatio.*

Cooperatio, non locum habet in conversione ipsa III, 205 s. — homo jam conversus subordinate cooperatur III, 222 ss. 309 ss. 326. — ,,donec regeneretur'' 227. — gratia cooperans 221 s. — cooperatio neque ante neque in conversione locum habet, vid. conversio.

Copernicus, Nic. (mathematic., † 1543), et Copernicanismus II, 86.
Coppinus, Petrus (theol. sorbonn. Paris., † 1667), I, 90.
Copula carnalis non ad formam conjugii pertinet III, 772 s.
Copulatio sive benedictio sacerdotalis conjugii III, 751 ss. — non ad formam
  conj. pertinet, ibid. — conjuges ex ethnicismo nostris sacris accedentes
  non denuo consecrandae sunt 754. — finis cop., ibid.
Coquaeus, F. L., II, 21.
Cor, ablatio lapidei et donatio carnei cordis III, 194. 199.
Corinthiorum coetus, maculis non obstantibus, ecclesia vocatur III, 644.
Cornelius, ejus regeneratio III, 155. 184.
Cornelius a Lapide (Jesuit., † 1637), I, 173. III, 79. 92. 482. 555 s. 696.
Cornerus, Chr. (prof. Frankfurt., † 1594), III, 535. 569. 582.
Corpus, qua ratione perfectiones ejus pars imaginis divinae II, 147 s. 149.
  155 s. — ejus immortalitas et impassibilitas in statu primaevo 155 s. —
  dona corporis beatorum 190—198. — de c. damnatorum vid. damnatio
  — c. est organum bonorum operum 191. — arctissima unio inter c. et
  animam, ibid. — animae solutio a c. est forma mortis 224. — anima et
  c. partes essentiales hominis, ibid. — c. inanimata terrae inferenda,
  non in ignem immittenda 239 s. — c. in resurrectione animae redunie-
  tur 242 s., idque numero idem 246 ss., quod Kahnisius aliique negant
  248. — de statura etc. c. resurrectorum 249 — c. subjectum quo peccati 276 s. 295 s. 319. — c. spiritualia 191. — c. subsistentiam habet per
  communicationem III, 31. — an omne c. sit in loco 64. — an semper
  maneat idem II, 92. — c. glorificatum III, 501. II, 247. 248.
Corpus Christi, an in uno momento efformatum III, 28. — non anima mediante
  cum Filio Dei unitum 33. — ejus pulchritudo 30. — glorificatum 94.
  95. — glorificati et ψυχικοῦ praesentia 60. — an sit in loco 64. — in
  morte ab anima separatum fuit (contr. Tubing.) 88. — glorificati parti-
  cipationem esse fructum coenae s. (Neoterici) 528. — manducatio
  spiritualis 523. — mysticum est ecclesia 633. — ejus praesentia in coena
  s., vid. c. s. — Adamus non ad imaginem corporis Chr. creatus II, 145.
  III, 19.
Corvinus, Joh. Arnold (theol. Armin. Leidens., † 1650), II, 291.
Coster, Franc. (Jesuit., † 1619), I, 107. 164. III, 249. 325. 381. 499. 777.
Cramer, Dan. (Luth. theol. Stettinens., † 1637), I, 147.
Creatio, locus II, 76—103. — creatio ex nihilo II, 80. 97 s.; est articulus
  purae fidei, ibid. — inter opera Dei c. primo loco spectanda est 76. —
  non reddit Deum mutabilem 20. 76. — vocis notio 76 s. — Baieri opinio
  de creatione elementorum coelique 77 s. — c. corporum mixtorum 78.
  — non subito, non spatio sex periodorum, sed spatio sex dierum Deus
  mundum creav. 78 s. I, 99. — opera diei primi II, 79 s ; secundi 84;
  tertii 85; quarti 85; quinti 87; sexti, ibid. — partitio operum 98. —
  בְּרֵאשִׁית 80. — תֹּהוּ וָבֹהוּ 80 ss. 83. — רָקִיעַ 84 s. — quonam tempore Deus
  mundum creaverit 80. — non dicendum, mundum aliquando non fuisse,
  an potuisset ab aeterno esse, ibid. — coeli creatio 81 ss. — de aquis
  inferioribus et superioribus 84 s. — an aves ex aqua creatae sint 87. —
  an animalia noxia a Deo creata 87 s. — de hominis creatione 88 ss. —
  creationem ejus non praecessit forma naturae hum. Chr. in mente div.
  145 s. III, 19. — de creat. Adami et Evae II, 92. — locus creationis
  hominis 94. — quies Dei 94. — *causa* efficiens 95. — est opus ad extra
  ibid. — tres creatores non sunt, ibid. — ἐκ Patrio, διά Filii, ἐν Spirit. S.
  95. 97. — causam exemplarem ideae div. constituunt 96. — „erant valde
  bona“, ibid. — causa impuls., ibid. — non ex necessitate Deus creavit
  96. — causa instrumentalis nulla agnoscitur 96 s. — materia c. 97. —
  modus c. 98 s. — differentia a generatione physica 90. — perennitas
  mundi 99. — vis generandi, ibid. — finis intermedius et ultim. 102. —
  definitio, ibid. — continuatio creationis est conservatio 167.
  Antitheses : mundum subito et simul creatum II, 79. — spatio sex
  periodorum, ibid. — de coelo empyreo et locali 82 s. — de restitutione
  83. — praeadamitorum monstrum 93. — error de particulis diacrit. 95 s.

97. — pantheismus, dualismus, hylozoismus II, 97 s. — generationem Filii esse initium c. 97. — mundum genitum esse ex Deo 98. — „ex nihilo nihil fit" 97.

Creatio animae, de propagatione animae per creationem vel traducem vid. traducianismus.

Creatio nova III, 178.

Creatura, Christus non est, humana natura Chr. est c. III, 22. — earum existentia a Dei concursu dependet II, 168. vid. creatio. — an verbum Dei sit creatura I, 156.

Credenda in theologia I, 44 s.

Credere in aliquem III, 143 s. vid. fides.

Crellius, Joh. (prof. et eccl. Racod., Socinian., † 1631 s. 1633), II, 14. III, 41. 105. 110. 576.

Crellius, Paul (prof. Wittenb. Philippista, † 1579), III, 393.

Crocius, Joh. (prof. Marburg. Calvin., † 1659), II, 23. III, 9.

Crocius, Ludov. (prof. Bremens. Calvin., † 1655), III, 333.

Cromerus, Martinus (episc. Cracau., † 1589), I, 175.

Cruciger, Caspar, Sen. (prof. Wittenb., † 1548), II, 25.

Cruciger, Caspar, Fil. (prof. Wittenb. postea eccl. Cassel. Philippista, † 1597), III, 393.

Crusius, Christ. Aug. (prof. Lips., † 1775), II, 313 s. III, 757 s. 759.

Crux piorum, castigationes paternae a poenis distinguendae sunt II, 277 s. — κόλασις, παιδεία, ϑοκιμασία, μαρτύριον, τιμωρία 278. — latronis poenitentis mors castig. pat., ibid. — indirecte causa instrument. conversionis III, 216 s. — est suscitabulum verbi prius auditi et ad usum mediorum salutis instigat 218. — ejus toleratio ad praec. I. pertinet 376.

Crucis signum, quo sensu sacramentum appelletur III, 402. 434. — in administratione baptismi 485 s.

Crypto-Calvinistae (Wittenb.), evangelium esse praedicationem poenit. III, 393.

Culpa, quid sit II, 277. — reatus c. consequens peccati, ibid. — Vilmarius de vocibus reatus et culpae 291. — culpa nostra Christo imputata fuit III, 114 ss. — „o beata culpa" etc. II, 293. III, 102.

Cultus, perversa distinctio inter λατρείαν, δουλείαν et ὑπερδουλείαν II, 131 s. — III, 67. — homo post lapsum Deum colere non potest II, 284. — cultus disparatus etiam contradictorius III, 319. — c. div. voluntarius et electitius 318. — c. div. Filio Dei adscribitur II, 52. — subjectum quo etiam humana natura III, 65.

Cunaeus, Petr. (JCtus Leidens., † 1638), III, 160.

Cundisius, Godofredus (prof. Jenens., † 1661), II, 296. III, 414. 539.

Curcellaeus, Steph. (Arminian. antesignanus, † 1659), III, 85.

Cyprianus (episc. Carthag., † 258), de inspiratione I, 108. — de 1 Joh. 5, 7. II, 45. — de infantibus sine bapt. morientibus III, 468. — mentionem ἐγχειρίσεως in coen. s. facit 495. — contra syncretismum 642.

Cyrillus (patriarcha Alexand., † 444), in Deum non cadere accidens II, 11. — Scripturam omnibus temporibus destinatam esse I, 107. — I. gen. comm. idiom. ἰδιοποίησιν nominat III, 45. — de partu Mariae. 86. — de corporali praesentia in c. s. 504.

Dadoes (Messalianus saec. IV.) 1, 90.

Daemon, „d. exercens" scholasticorum II, 130. vid. angeli mali.

Daetrius, Brandanus (Hamburgens., † 1688), III, 161.

Damascenus, vid. Johannes.

Damason (pontif. Rom. 366—384) II, 58.

Damnatio s. mors aeterna, loc. II, 203—223. — opponitur beatitudini 203 ss. — vocatur mors secunda, ignis aeternus, poena sensus 204. — qua ratione condemnatio damnatorum ad regnum Chr. pertineat III, 133. — praeter beatitudinem et d. tertius status non datur II, 204. 237 s. — *intellectus* damnatorum carebit visione Dei et lumine gratiae gloriaeque 204 s. — poena infernalis est a Deo derelictum esse III, 87. — habebunt damnati lumen naturae clarius II, 205; cognitionem Dei ex poenis

205 s.; contemplationem peccatorum suorum et poenarum 206, felicitatis beatorum, ibid. — ex parte *voluntatis* in damnatis erit odium Dei et sui, invidia, dolor, desperatio 206 s. — sine fide et spe erunt 207, determinati ad malum, ut indesinenter peccent 208. s. — an actu externo indesinenter Deum blasphement 208 s. — *corpora* carebunt dotibus beatorum 205. — incorruptibilia erunt, ibid. — spiritualia in latiore sensu, deformia et ignominiosa, ibid. — cruciabuntur igne infernali 209. — de cruciatibus sec. sensus singulos 211 s. — variae de *igne* infernali sententiae 142. 209 ss. — quid vermis sit 212. — gradus poenarum 213, iique secundum quantitatem peccatorum III, 606.

    causa eff. nec una nec eodem modo tradi potest; quatenus per modum poenae spectatur Deus triunus, Christus ϑεανϑ. 215. — Deus quatenus auctor inferni 216. — causa impuls. intern. justitia Dei vindicativa et veracitas 216. — ex intuitu damnatorum felicitas Dei turbari non potest 186. — causa impuls. ext. peccata, imprimis proaeretica, maxime omnium incredulitas 217 ss. — de phrasi, peccatum orig. esse causam sufficientem, non adaequatam d. 217. 218. 305. — *subjectum* quod finaliter increduli 219, diaboli 219. 133 s. — damnatorum numerus multo major, quam haeredum beatitudinis 219. — an infantes infidelium cruciatibus infernalibus subjiciantur 213 ss. vid. infantes. — subj. quo anima et corpus 219. — de *loco* inferni 219 s. — praestat de evasione potius quam de loco et creatione inferni solicitum esse 220. — infernus an creatus 220. — *aeternitas* d. probatur 221. — damnatos Deus ex inferno liberare posset etc. 44. — Deus ex se mallet non damnare 222. — finis d. justitiae vindic., veracitatis, potentiae div. gloria 222. — descriptio d. 223.

    Antitheses: d. nihil aliud esse quam conscientiae horrorem 204, redactionem in nihilum, ibid. — de infantibus ante baptism. defunctis 468. — aeternitas d. negatur 221 s. — de purgatorio et שְׁאל neotericorum 237 ss.

Danaeus, Lambert (theol. ref., † 1596), III, 65. 67. 507. 519.

Dannhauerus, Jo. Conr. (theol. Argentorat., † 1666), de lege morali s. naturae I, 15. — an omnis glossa etc. Scripturae sit articulus fidei 66. — theologia et fides 74 s. — definitio theolog. 76. — de tractandae theologiae methodo 76. — rationem regenitam non esse principium 85. — de Calvinianorum enthusiasmo 90. — de inspiratione 94 s. III. — de usu argumentorum externorum inspirationis 121. — de Scripturae claritate 175. — Trinitatem definiri non posse II, 15. 63. — de voluntate Dei antecedente et consequente 36 s. — de absoluto et hypothetico decreto 37 s. — de justitia Dei vindicativa 41. — de discrimine inter essentiam et personam 59. — an deroget majestati Spiritus S., quod nullam personam producat 70. — de miraculis magicis 115. — ad Gen. 6, 2. 116. — animam ipsam et corpus non fuisse partem imaginis div. specialiter acceptae 149. — providentiam dei probatur 162. — de absoluta et hypothetica fatalitate horae et modi mortis 179 s. — bene de infantibus gentilium sperat 214. — de loco inferni, ad quem Christus descendit 220. — animas post mortem non redire posse 232. — psychopannychian refutat 235. — de Samuelis apparitione, ibid. — ignorantiam excusare a certo specie peccati 316. — de tentatione 318. — de peccato mortali, veniali etc. 320. — de variis modis quibus in Spiritum S. peccari possit 327. — de momento doctrinae de Christo I, 54. — cur secunda persona incarnata sit III, 26 s. — unionem naturarum non esse essentialem 35. — de Christi triplici praesentia, de spatiis imaginariis 61 s. — ad Eph. 4, 10., ibid. — de particulis diacrit. in I. et II. genere C. I. 68. — Chr. non secundum divinam nat. se exinanivisse 79. — tempore mortis verum Deum et hominem fuisse 88. — Chr. Mosis antitypus 103. — fides quomodo se habeat ad sacrificia V. T. et sacrificium Chr. 109. — de reflexione s. sensu fidei 165. — de Spiritus S. testimonio in tentationibus 165 s. — baptismum esse lavacrum regenerationis etiam in ante baptism. conversis 184 s. — in magistratu esse exusiam principalem, in ministerio organicam 185. — de regenerationis reiterabilitate 189. — novam obedientiam non esse partem poenitentiae 211. — justificationem esse moralem mutationem 246 s. — quaenam justitia in justificatione nobis imputetur 252. — quo sensu Chr. justitia nobis imputetur 255 s. — de re coelesti bapt. 455. — de necessitate bapt. 467. — quinam jus immediatum ad bapt. habeant 469. — an liberi apostatarum et excommunicatorum baptizandi sint 467. — de praesentia Chr. in coena s. 502. — fieri posse, ut electus nondum sit membrum ecclesiae 591. — hypocritas ecclesiae nec invisibilis nec visibilis membra 628. — uno homine ecclesiam constitui non posse, ibid. — eccl. esse invisibilem 648. — de concilio Hierosolym. 656. — de tribus speciebus syncretismi 669. — Pontif. Romanum esse verum antichrist. 682. — pastores esse ecclesiae ministros 686. — potestatem ministrorum ad effectus supernaturales prod. esse organicam 185. 723. — de necessitate consensus parentum ad matrimonium contrah. 748. — *Naevi:* diabolos tortores in inferno fore II, 141. — damnatos sine peccato desperare 209. — pascha fuisse sacrificium proprie dictum III, 430.

David, rex, lapsus fidem amiserat III, 171. 172, quod negant Calviniani 173. 591; Spiritum S. amiserat 100, quod Calviniani rejiciunt 190.

David, Joris s. Georg. (anabaptista, † 1556), II, 251. 115.

Davidis, Francis. (apostata, Socinian., † 1579), III, 67.

Davius (episc. Ebroic.) I, 162.

De, particula materialis et potentialis III, 27.

Debitum, a d. proprie ad d. improprie acc. N. V. C. III, 12. — peccatum homini deb. subeundi poenam contrahit II, 277.

Decalogus, summa legis naturae in eo comprehenditur I, 15 s. II, 270. III, 344. 348 s. — praxis legis moralis decalogo comprehensae etiam ante Mosen erat II, 270. — distributio dec. res media III, 345. — variae ejus divisiones 346. — ecclesia Argentinensis distributionem Calvinianam sequitur 345. — praecepta negativa includunt contraria affirmativa et vic. versa 346. — I. praeceptum 345 s. vid. praecepta. — cultus sculptilium et imaginum in hoc praec. prohibetur 346. 347. 349. — II. praec. 347 ss. — III. praec. 351. — doctrina de sabbatho recta cum antithesi nostratium 351 ss. — IV. praec. 356. quid in eo ad Judaeos solos pertineat 347. — V. praec. 356 s. — VI. praec. 357. — VII. praec. 357 s. de usura 358—366. — VIII. praec. 366 s. — IX. et X. praec. quae ad Judaeos solos attineant in eis 348. — judicialia et ceremonialia in d. 350. — regulae interpretationis 346. 356. — quae in eo ad Judaeos solos pertineant 347 s. — vid. lex.

Decretum, redemptionis d. prius est electione in signo rationis div. III, 543, quomodo differant ea d. 540. — decretum creationis in signo rationis div. posterius decreto electionis secundum Calvinianos 571. — d. de toto opere hominum ad salutem perducendorum 537. — d. de certis hominibus salvandis, ibid. — de certis hominibus distincte cognitis, aeternum damnandis 550. — de Filio omnibus peccatoribus dando 543 s. — d. de passione Christi II, 38, de mediatore omnibus offerendo 545 ss. 15 ss., de gratioso cum verbo concursu 547 ss., de conferenda gratia justificante, renovante, fidemque conservante 549, de omnibus final. credituris certo salvandis 550. — decretum praedestinationis non absolutum neque conditionatum, sed infallibile 586. 589. — d. absolutum Calvinianorum 558 s. 9. — de discrimine inter voluntatem, propositum, decretum Dei 536. — d. medioram ordine prius est d. electionis 539. — eadem praedestinationis ratio non est, quae propositi de redemptione 540. — de decretis absolutis et hypotheticis II, 37. — ordo decretorum Dei 145. — d. Dei absolutum non est causa eff. damnationis. 216.

Delitzschius, Franz (prof. Lips.), restitutioni pro creatione statuendae favet II, 83. — mundum ex Deo natum esse 98. — angelum Jehovah non Filium Dei 105. — de „filiis Dei" Gen. 6. 116. — de chiliasmo 256. — de arbore scientiae boni et mali 305. — Christum naturaliter in Adamo et Israel exstitisse rejicit III, 25. — „κένωσιν" docet 81. — baptizatum lapsum membrum Chr. manere 482. — omnem baptizatum et c. s. participem (sive Hengstenberg sit sive Wislizenus) membrum ecclesiae esse 509. 620 s.

Δημιουργός II, 98.

Democratia III, 745.

Democritus (phil. grae., ✝ c. 370 a. Chr.) II, 166.

Denkius, Joh. (anabaptista saec. XVI.), II, 142 s.

Descensus Christi ad inferos initium status exaltationis III, 90. — sedes doctr. 1 Petr. 3., ibid. — Chr. descendens cruciatus non subiit 90 s. — subjectum et terminus 91. — 1 Petr. 4, 6. de desc. non agitur, ibid. — tempus 91. 93. — de loco inferni II, 220. III, 91. — antitheses patrum, nostratium, neoteric. 91 s.

„**Descensus**" λόγου de coelo III, 23.

Desiderium pium non est in homine nondum converso III, 202. — aliud est des. audiendi verbum, aliud des. credendi 209. prima sancta cogitatio et pium velle a Spiritu S. est 218. — des. salutis non actus naturalis sed a Spiritu S. procedens 888.

Desperatio, damnatorum II, 206 s. — Christus non desperavit, contr. Calvinianos III, 87.

Determinatio voluntatis in conversione III, 225. 226.

Determinismus providentiam div. labefactat II, 170. — d. non docemus in doctrina de libero arbit. 175 s. 297. — Lutherus abhorret 31. 310. — quinam ei faveant 170.

Deus, locus de Deo II, 3—76. — articulus simpliciter fundament. I, 53. — eus omnium excellentissimum II, 3. — summum bonum 45. — omnium causa 3. — omnia conservat etc., ibid. — vid. causa efficiens principalis in omnibus fere locis theol. — *esse* D. probatur 8 s., ex lumine naturae I, 26 ss. vid. notitia. — articulus de Dei existentia et attributis mixtus est I, 48.

 nomen Dei improprie accipitur ad designandas creaturas II, 3, magistratus III, 677. — de nominibus in V. T., speciatim יְהוָֹה II, 4—7. אֵל 6 s., θεός („Gott") 7 s., עוֹלָם אֵל 27. nomen Patris οὐσιωδῶς et ὑποστατικῶς sumitur in Script. 73. — an nomen Dei ministris ecclesiae tribuatur 3. — *essentia* ab attributis distinguitur nostro modo concipiendi 11. — essentia D. est τὸ πᾶν καὶ οὐδέν, ibid. — in D. non cadit accidens, ibid. — nihil in Deo quod non sit ipse Deus 12. — in D. non sunt actus diversi intellectus quoad rem III, 543. — essentia Dei definiri non potest II, 14 s. — D. spiritus independens 14 ss.

 attributa, dist. inter affectiones et attrib. II, 11, perfectiones et proprietates 16, negativa et positiva attr., ibid. — non differunt realiter ab essentia Dei 12. 29. 32. — quatenus sunt in Deo de se mutuo praedicari possunt in abstracto 13. — distinctio inter att. immanentia et relativa 16. 13. — unitas absolute et exclusive accepta 16. — D. non est compositus 12. — simplicitas 17. Trinitas cum simpl. non pugnat 18. — immutabilitas 11. 19 s. propter eam II. genus communicationis idiomatum non est reciprocum 12, 53. — gratia erga peccatores non importat mutationem in Deo III, 6, neque creatio et incarnatio II, 20. III, 24. 48. — infinitas II, 20 s. — immensitas (omnipraesentia) II, 21 ss. — Deus non est in spatiis imaginariis 22. III, 61. — ubicunque est, totus est II, 22. — D. etiam in foedis locis est 23. III, 63 s. — diversae sunt operationes omnipraesentiae Dei, sed approximatio specialis ipsius essentiae non docenda II, 24 ss. — de omnipraes. Dei efficacissima II, 163. III, 98. — omnes creaturae instar puncti Deo objectae sunt III, 64. — aeternitas II, 27 s. — vita 28. — scientia, intelligentia, omniscientia, praescientia 29 ss. — scientia est ipsa Dei essentia 28. — in Deo non sunt actus intellectus realiter producti 30. III, 551. — praescientia rerum contingentiam non tollit II, 31. — sapientia 32. — justitia (sanctitas) 39 ss. — gratia justitiam non labefactat III, 12. — Deus est judex II, 41. — veracitas, ibid. — potentia et omnipotentia vid. potentia. — bonitas (perfectio) 44 s. — vid. voluntas.

Diabolus, Messaliani d. corpus ascribunt II, 107. — d. sub persona Samuelis II, 111. — ejus operatio circa Judam Isc. 112. 136. 312. — de morbis, quos d. efficit 115. — de „Wechselbälge" 114 s. — nomen d. aliquando denotat omnes angelos malos 133. — eorum lapsus, ibid. — operationes ejus in perniciem 135. 141. — in inferno diabolus tortor futurus non est 141. — habet paratos cruciatus 142. — „in quantum *est*, bonus est" (Augustin.) 44. — non entitate sed qualitate malus 121. — quo respectu sit causa mortis 225. — causa peccati 274 s., peccati orig. 289, peccatorum actual. 311 s. — non necessitat homines ad peccat. 312 s. — ei resistere possunt homines, ibid. — an modo physico operetur in hominibus, ibid. — vocatur serpens 289. — mundus est sponsa et organon d. 313. — non redemptus per Chr. 124. 142 s. III, 21, neque descensu Chr. ad inferos 91 s. — Deus non ei pretium redemptionis persolvit 112. — est simia Dei 405 s. — qua de re Deus ei permittat homines obsidere II, 139. — vid. obsessio; angeli mali.
Diaconia, apostolatus d. appellatur III, 686.
Diaconi, eorum vocatio III, 690, electio Act. 6, 705 s. 706,
Dieckhoff, A. Gull. (prof. Rostoch.), de inspiratione I, 105.
Dies novissimus, vid. judicium extremum. — quomodo Christus dicatur horam ejus ignorasse III, 57.
Dietericus, Conr. (prof. Giess. et superint. Ulmens., † 1639), III, 473. 482.
Dietlein, W. O , II, 116.
Diez, Phil. (Francizcanus Portug. saec. XVI.) II, 124.
Differentia specifica II, 33. 32.
Δικαιοῦν III, 246. 248.
Dilectio, d. et ira div. in homines optime consistunt III, 13. 115. — dilectio Christi quomodo differat a fiducia in Chr. 143. — fides quomodo se habeat ad caritatem seu dil. 166 ss. — dilectionem nostri lex non praescribit (contra Baier.) 344 s. — d. est plenitudo legis II, 271. III, 377 s. 344. — „Die Liebe ist die Kaiserin" 377. — praecepta de conjugiis prohibitis ex praecepto dilectionis promanant 758. — caritas in actu primo est vinculum membrorum ecclesiae 630. — dilectio· Dei praecipuum *objectum* officii humani II, 151. — dilectio intensissima angelorum erga Deum 119. 122, hominum in statu integritatis 151, beatorum 189. — vid. amor.
Διό non semper causam meritoriam exprimit III, 95.
Diodorus (episc. Tarsens., † c. 394) II, 158.
Διοίκησις II, 161.
Dionysius Areopagita, Pseudo —, II, 105.
Dionysius (patr. Alexand. 247—264) III, 495.
Dionysius (Carthus., † 1471) II, 22.
Disciplina ecclesiastica 713—717.
Discursus est cognitio per demonstrationem II, 30. I, 133.
Disparatum est, quod *διαφέρει τῷ λόγῳ τῆς οὐσίας* III, 39.
Divitiae a Deo sunt III, 784 s.
Divortium casu adulterii et malitiosae desertionis III, 773 ss. — non quaevis discessio pro desertione habenda 774 s. — 1 Cor. 7, 11. 775.
דְּמוּת II, 144.
Doctrina, quisnam judex sit de ea I, 183—189. — doct. et vita longissime discernendae 51. — modicus error totam doctr. evertit ibid. — ad pacem eccl. consensus in d. requiritur III, 668 s. — vid. articuli; dogma.
Dogma est doctrina circa fidem I, 52. — sensu latissimo acceptum. Vid. articuli.
Dogmatici, eorum methodus tractandae theologiae I, 77.
Δοκηταί III, 21. — Aphtharto-docetae 34.
Dominicani III, 546.
Dominium peccatorum aboletur in convers. III, 199, in renovatione 327, in baptismo 483. — d. in creaturas qua in re constiterit II, 156; an consequens imaginis div. 157; an Evae concessum 158.

Domini et servi III, 785 ss. — distinctio dominiorum et proprietas rerum est ordinatio Dei 784 s.
Domus Dei, qua ratione eccl. hoc nomen competat III, 635. 638.
Dona eccl. ministrantia et sanctificantia 622 s.
Donatus (episc. schismat. Carthag., † c. 350) III, 676.
Donatistae I, 90. III, 407. 637 s. 696.
„**Donec**" saepe est infinita et exclusiva III, 86. 768.
Dorner, Isaac Aug. (prof. Berolin., † 1884), III, 19.
Dordraceni Canones III, 173. 607 etc. vid. Calviniani.
Dordracena Synodus. vid. synodus.
Dorscheus, Joh. Georg. (prof. Argentor. et Rostoch., † 1659), I, 135. III, 87. 131 s. 353 s. 371.
Dositheus (pseudomessias Samarit.) et *Dositheani* II, 242. 251.
Δόξασις III, 53.
Draconites, Joh. (theol. Luth., † 1566), III, 92.
Dreierus, Christ. (prof. Regiomontanus, † 1688), I, 142. II, 7. III, 65. 92. 224 s. 228.
Dreschler, Moritz, II, 63. 116.
Driedo s Dridoens, Joh. (prof. pontif., † 1505), I, 104.
Dualismus II, 97 s.
Dubitatio papistica de remiss. pecc. III, 289 ss., de electione 597. 599. 601 rejicitur. Vid. certitudo.
Duella in praec. V. prohibentur III, 356.
Duns Scotus, Joh. (scholast., † 1308) et *Scotistae*, de theologia I, 35. — nominales sunt II, 13. — incarnationem etiam sine peccato docent III, 19. — de descensu Chr. 92. — actualem fidem infantes non habere 160. — de lege et evang. 394. — de intentione ministrantis 407. — de baptismo 471. — merita esse causam electionis 555. — de coelibatu 777.
Durandus, de S. Portiano (scholast., † 1334), II, 169. III, 42. 88. 92. 160.

Ebartus, Joh. (theol. Luth. saec. XVII.), II, 56. III, 55.
Ebion II, 52. *Ebionitae* III, 354.
Ebraea lingua, vid. hebraea l.
Ebrard, J. H. (prof. reform. Erlang., † 1888), II, 83. III, 19. 81.
Ebrietas, peccatum in proprium corpus II, 324.
Eccius, Joh. (theol. rom. Ingolstad., † 1543), III, 5. 624 ss.
Ecclesia, locus III, 614—683. — connexio hujus doctrinae cum d. de praedestinat. 614. — etymologia et significatio vocis ἐκκλησίας 614. — Lutherus de voce „Kirche" 616, „Gemeinschaft" 618. — e. militans et triumphans 614. — proprie et improprie sumpta 615. 621. — non facimus geminam e. 620. — B. de e. proprie sic dicta tractat § 3—§ 18. 621—634. — e. universalis et particularis (congregationes) 634. — simplices et compositae 634 s. — an omnes e. particulares simul sumptae universalem e. constituant 645. — e. *corrupta* 638; qualis doctrina, talis ecclesia 640. — vera s. pura e. 640 ss. — descriptio e. verae 643. — e. vera cognoscibilis 648. — falsa s. impura e. 640 ss. — duplici ratione e. vera et falsa dici potest ibid. — e. aliquando Israel dicitur in Script. II, 257. — electi collective sumpti s. vere credentes e. militantem proprie s. d. constituunt seu materia (*membra*) e. sunt III, 614. 615. 616. 617 s. 627 s. — πρόσκαιροι suo tempore membra e. sunt 617; injuste excommunicati et fideles non baptizati 617. — *mali ecclesiae admixti* sunt 630 sq. — coetibus promiscuis per synecdochen nomen e. tribuitur (615) 636. — mali membra e. non sunt 615 s. — sunt in e., non autem de e. 617 ss., neque sunt membra e. visibilis verae 628. — aliquando sancti eminent, aliquando non-sancti 638 s. — Corinthiorum et Galatarum coetus maculis non obstantibus e. vocatur 644. — e. quatenus impura non e. est 647. — etiam in (non ex) e. corrupta filii Dei nasci possunt I, 59. 64. III, 646 ss. 628. — de verbis Art. Smalc. „nequaquam largimur ipsis, quod sint e." 647. — e. corrupta ministerium ecclesiast. habet 697. — in e. falsis, quae negant artic. fund. secundarios, simpliciores damnandi non sunt I, 59 s. 64.

causa efficiens: Deus trinunus et Chr. ϑεανϑ. 626 s. — c. impulsiv. intern.: bonitas Dei; externa: Christus 627. — forma: unio interna cum capite per fidem 628 s. 650 s. — congressus sacri ad essentiam eccl. non pertinent 628. — finis: aedificatio, salus 629. 667 s. — effectus: sanctificatio, generatio aliorum membr. 633. — definitio proprie s. d. 633 s. — definitio allegorica (corpus Chr. mysticum) ibid.

Attributa: ,,una'' absolute et exclusive 629 s., unitas interna fidei, externa professionis 629 ss. — externa ad attributa e. proprie s. dictae non pertinet 631 s. — unitas ratione capitis visibilis 631. — unitas in hac vita imperfecta propter carnem 644. — unitas canonica, ecclesiastica, symbolica Lutheranorum 645. — unitati eccl. opponitur schisma 622 ss., syncretismus 665 ss. — ad pacem eccles. requiritur consensus in omnibus articul. fid. 666. 668 ss., non in adiaphoris 668 s. — verbum Dei vinculum unitatis 670. — caritas in actu primo vinculum membrorum e. 629 s. — ,,sancta'' 629. — Lutherus hac de re 615. 616. — caput sanctum est 631. — membra sancta sanctitate cum imputata tum inhaerente 615. 616 s. 631. — ad sanctitatem tanquam formam internam non sufficit sanct. extrinseca (verbi et sacrament.) 617. — de erroribus sanctorum I, 59 s. III, 661. — ,,catholica et apostolica'' 629. 632 s. — qua ratione ea attributa e. partic. competant 643 s. — non sunt notae e. 654. — penitus deficere non potest 635. 652. — manet in medio antichristi regno 675. — qua ratione ecclesiae attr. de e. partic. dici possint 643.

invisibilis est 648 ss., etiam e. partic. quoad formam 650. — creditur, non videtur 649. — coetus, in quo est e., videri potest 650 s. — e. cognoscibilis est 648. 651, sed fieri potest, ut e. visibilis prorsus deficiat (e. g. temp. antichr.) 651 s. — *notae* e.: pura verbi praedicatio et legitima sacrament. administratio 652 ss. 649, facultate naturali ex iis e. cognosci non potest 653. — ubi verbum et sacram. (quamvis corrupta), ibi e. 640. 646 s. 654. — verae e. signum est obsequium Christi I, 64.

auctoritas e. non est principium cognosc. art. fid. I, 49. — auctoritas judicandi de rebus fidei 187. — e. an errare possit 187. — de consensu eccl. primitivae 85 ss. — *testimonium* e. de origine Scripturae 128. 141 ss. 144, de momento hujus test. 86. — vid. auctoritas. — *caput* e. Christus 621 s. — Christus non est membrum e. ibid. — influxus capitis per varias functiones et dona ministrantia et sanctificantia 622 s. — praeter Chr. aliud caput e. agnoscendum non est 623 ss. — contr. primatum Petri ibid. — papa jure nec divino nec humano caput e. 626.

Varia. Christianus non secundum corpus, sed sec. animam, imo fidem membrum e. est 619 s. — encomia et promissiones (columna veritatis, domus Dei, corpus Chr., aeterna duratio) ad e. univers. proprie s. d. pertinent 635. 648. — qua ratione de e. partic. dici possit eam esse domum Dei 638, matrem fidelium 643. (185.) — uno homine non potest constitui e. partic. 628. — de e. repraesentativa 655 ss. vid. concilia. — ,,dic ecclesiae'' 656. 691. 714 s. 734 s. — antichristus imprimis e. adversatur 672 ss. — civitas non est in e., sed e. in civ. II, 126. III, 724 s. — magistratus non habet auctoritatem in e. 725 s. 730. 732. — congressus sacri 628. — e. propagatio I, 127. — extra e. non est salus 652. — non est simpliciter de necessitate salutis, ut quis sese e. partic. conjungat ibid. — baptismus bonum e. 441. — e. non potest subsistere sine artic. de justif. I, 58. III, 241. — dist. inter e. et curiam Romanam 647. — a sacris e. falsae (heterodoxae) abstinendum est 642 ss.

Antithesis: e. non esse coetum vere credentium 620. — omnes baptiz. esse membra e. 620 s. 482. 509. — pontificem Rom. esse caput e. 626. — esse e. ipsam 652. — quomodo Romani navem e. pinxerint 628. — ecclesiam veram non esse, cui admixti non-sancti 637 s. — e. esse visibilem 651. — non esse cognoscibilem ibid. — Romanorum e. esse audiendam 635. — e. penitus deficere posse 652. — e. Rom. in fide errare non posse 652. — de e. notis falsis 655. — de conciliis 657 s. haereticos supplicio capitali afficiendos esse 736.

Ecclesia apostolica, ratio regiminis in ea III, 717. — de testimonio e. primitivae vid. auctoritas.

Eckhardus, Hen. (theol. Luth., † 1624), II, 295 s.

Eckhardus (Melch. Sylv., † 1650), III, 715.

Eden hortus, an III. die creatus II, 85.

Educatio, Christi e. et conversatio inter homines III, 86. — e. non potest gignere veram fidem I, 70.

Efficacia Scripturae, argumenta ab e. desumpta I, 135. vid. Scriptura S. (affectiones). — concursus Dei gratiosus cum verbo 547 ss. — quomodo inhibeatur eff. v. ibid. — effic. verbi ad convertendum hominem etc. vid. organa gratiae; verbum.

Eἰς, ad, analogiam unius ad alterum aliquando denotat III, 279 s.

Electio et *electi,* vid. praedestinatio.

Ἐκλογή III, 536.

Eleemosynae III, 364.

Elementa physica, an eis coelum anumerandum sit II, 77. — an independenter a praeexistente materia producta sint 77 s. — de terrae elemento Gen, 1, 1. loquitur 81. — o quibusnam elementis omnia creata 98. — an elem. intereant 99. — in consummatione saeculi peribunt mediante igne 264 ss.

Ἔλεγχος III, 707.

Ἔλεος Dei III, 6.

„Elevatio" verbi I, 159 s., sacramentorum III, 405.

Elipandus (archiep. Toletanus saec. VIII.) III, 42.

Embryon, Deo indignum non fuit cum eo uniri III, 26. — Scholasticorum error 28. — emb. resurgent II, 245. — finis cui sacramentorum non sunt III, 414.

Ἐν ponitur pro *διά* III, 557.

Ἐναλλαγή καὶ κοινωνία ὀνομάτων Chr. III, 45.

Ἐναντιοφανῆ, eorum conciliatio I, 179. — de persona Christi III, 37.

Encratitae II, 158.

Endor, de spectro Endoreo I, 88 s. — II, 235 s.

Enjedinus s. Enyedi, Georg. (Socinian. † 1597), I, 176. II, 7. 125.

Ἕνωσις κατὰ σύνθεσιν, unio natur. in Chr. III, 48.

Ἐνσάρχωσις III, 23. vid. incarnatio.

Ens praedicamentale in alio ente subsistit II, 288.

Enthusiasmus rejicitur I, 88 s. — quid sit enth. III, 155. — Enthusiastae I, 107. 160 s. III, 339. 713.

Epicurus (phil. graec , † 270 ant. Chr.) II, 166.

Ἐπίδοσις III, 77.

Ἐπίλευσις et *ἐπισκιασμός* Spiritus S. in Mariam III, 28.

Epimenides (Graecus saec. VI. ant. Chr.) I, 1.

Epinus s. Aepinus, Joh. (past. Hamburg., † 1553), III, 92.

Epiphanius (episc. Salaminensis, † 403) II, 10. 233. III, 92.

Episcopales Anglicani III, 132.

Episcopius (Armin. antesignanus, prof. Amstelod., † 1643) de perspicuitate Script. I, 176. — peccatum in Spiritum S. nostro tempore non committi II, 329. — contr. providentiam Dei 170. — de sessione Christi ad dextram III, 100. — Christum peccare potuisse 119. — de sacrificiis ante Mos. 370. — baptismum gratiam non conferre 476. — de electione 556. — ecclesiam penitus deficere posse 652. — subordinationem fingit II, 74. — de materialitate angelorum 108.

Episcopus et presbyter non differunt jure divino III, 701. — de jure episcopali 717. 718. — episcopus neque ut episcopus neque ut princeps ullam habet super ecclesiam potestatem 734.

Ἐπιστροφή III, 212. vid. conversio; jurisdictio.

Erasmus, Desiderius (Roterodamus, † 1536), lapsus memoriae in Script. statuit I, 101. — sermonem Script. esse soloecissantem 112. — de scholasticis 82. — „Sancte Socrates, ora pro nobis" II, 10.
Error, „Du kannst nicht sprechen: ich will christlich irren" I, 60. — de erroribus levioribus 63. — „errare potero, haereticus non ero" 64. — per quos errores Spiritus S. gratia excludatur III, 325. — tolerantia errorum cum Script. pugnat 671 s.
῎Εσχατα, τά (eschatologia), II, 223 s.
Espenaeus, Claudius (theol. Rom. Parisiens., † 1571), III, 97.
Essentia s. οὐσία, quid sit II, 59. — quo sensu de Deo praedicetur 11. 58 s. — essentia et existentia in unoquoque ente substantiali occurrunt III, 37. — perfectio rei ex essentia ipsa, non ex subsistentia aestimatur 24. — existentia ab essentia abstrahi non potest 161. — essentiale perpetuum est 631.
Estius, Guil. (prof. Rom. Duacensis, † 1613), I, 165. 173. III, 123.
Ἑτερούσιοι III, 22.
Ἐθελοθρησκεία 111, 318 s. 321. — sacrificia ante Mos. 10. non fuerunt III, 369.
Ethnici, vid. gentiles.
Eucharistia III, 489. vid. coena s.
Eunomius (Arianus saec. IV.) II, 52. 73.; *Eunomiani* III, 460.
Euripides (poet. Graec., † 407 a. Chr.) II, 165. III, 368.
Eusebius, Pamphili (episc. Caesar., † 340), I, 2. 150. 151. III, 130.
Εὐσέβεια II, 324.
Eustachius s. Eustathius et Eustachiani (saec. IV) III, 777.
Eutyches (archimand. Constantin. saec. V.) III, 34; *Eutychiani* s. *Monophysitae,* 22. 34. 50. 57.
Eva, ejus creatio ex costa II, 93 s. — cur ex costa 94. — an anima ex costa 93. — subjectum quod creationis 157. — inaequalitas inter Adamum et E. 158. — de E. sapientia et dominio in creaturas ibid. — quinam dicant mulierem ad imaginem conditam non esse ibid. — causa effic. peccati origin. est 289. — seductio E. ibid.
Εὐαγγέλιον differt ab ἐπαγγελία I, 48.
Evangelium, aliquando lex vocatur in V. T. I, 174. III, 342. — Verbum Dei in legem et evangelium dividitur III, 339. — dicta Lutheri et al. de discrimine legis et ev. 340 ss. — vox ev. totam doctrinam christ. aliquando denotat 105. 318. 342. — quid sit ev. propr. loqu. 381. — in V. T. revelatum est 382. 384. quater per totum orbem terrarum praedicatum est 384. promissiones ev. non sunt conditionatae 389. — an sit concio poenitentiae 392. — an sit norma directrix bonorum operum 318. — evangelio non nuda suasio moralis tribuenda est 217. — ev. causa instrumentalis fidei 154 ss.; regenerationis (I, 158) III, 185; conversionis 214 s. 220; justificationis 260 ss. renovationis 308 s. vid. lex et evangelium.
Evolutio II, 149.
Ἐξαγορασμός III, 111.
Exaltatio Christi III, 89—100: definitio 89. — ex. sensu ecclesiastico accepta 89. — sensu biblico adhibita ibid. — terminus ad quem est plenarius usus majestatis infinitae 89. — non div., sed. hum. nat. competit ibid. 77 s. — descensus ad inferos 90 ss. — resurrectio 93 ss. — ascensio 95 ss. — sessio ad dext. 97 ss. reditus ad judicium II, 259. — an ex. praemium passionis 95. 99.
Exclusive unum idem atque unicum III, 630.
Excoecatio vid. induratio.
Excommunicati, an eorum liberi baptizandi sint III, 470. — injuste exc. membra ecclesiae sunt 617. — ecclesiis injuste exc. potestas clavium competit 696 ss. — excommunicatorum salus quaerenda est 716.
Excommunicatio 713 ss. — sine consensu ecclesiae fieri non potest 714 s. 716. — „Dic ecclesiae" 656. 691. 714 s. — exc. minor 715, major 716. —

gat III, 140. 134 s. — Christi sacrificium in et per se salutare sine fide III, 109. — pars poenitentiae 214 s. — significatio vocis in Script. 136. fidem esse *notitiam* explicitam probatur 136 ss., non vero notitiam ex principiis humanis deductam 137. (vid. ratio.) — de fide implicita sano et cacodoxo sensu accepta 137 s. — not. suos gradus habet 137. — quorumnam articulorum notitia necessaria sit, ut fides generetur I, 47. 53 ss. III, 137 s. (vid. articuli fundam.) — *assensus* 139—142. ass. ad intellectum refertur 139. 146. 147. — non rerum evidentia, sed div. auctoritate nititur 139. — ass. in tentationibus ibid. — requiritur ad. f. ex parte ass., ut homo *ad se in individuo* descendat 140 s. 165. — *fiducia* 142 ss. — fiduc. actus voluntatis 142. 146. — differt a spe 142; a dilectione 143. — acquiescit in Chr. tanquam bono praesente et nostro 142 s. — fidem formaliter includere fiduciam probatur 143 ss. 190. 616. — f. nunc fiduciae nunc assensus nomine appellatur altero connotato 145. 146 s. — quomodo fiducia spei a fiducia fidei differat 167.

f. dicitur *apprehendere Christum* 134 s. 145 s. 267. — unit credentes cum Chr. 629. — habet praeter apprehensionem alios actus 269. — apprehensio theoretica et practica 146. — per fidem credentibus meritum Christi applicatur 147. — fid. inter causas salutis locum habet non per se, sed ratione objecti 148 s. 265 ss. — justificat organice, relative 149. 265 ss. 390. — non propter, sed per fidem 266. 273 s. 268. 565. (562). — non est conditio 268 s. 389 s. — „si credideris, salvus eris‟ 268. 390. — fides opponitur ipsi fidei 148. 270. — sola fide justific. 274 ss. — quomodo fides se habeat ad renovationem 188. 310. 382; ad praedestinationem vid. praedestinatio. — quo sensu justificatio objectum f. sit 285. — f. quatenus qualitas aut habitus est eandem conditionem obtinet quam opera 565.

causa eff. princip. f. Deus trinunus 150 ss. — non tantum vires credendi sunt a Deo, sed ipsa fides actu 151. — quum fides donum Dei sit, cur hoc uni detur, alii vero non 16 s. 153 s. 581. 582 ss. — f. donatio forma regenerationis 178. 187. — f. terminus ad quem form. convers. 195, imo anima convers. 214 s. — causa impuls. interna et externa 152. — causa instrumentalis 154 ss. 337. 479 s. — verbum et f. correlate se habent 369. — sine fide nec verbum nec signum prodest 471. — subjectum quod: peccator regenitus, etiam infantes 157 ss.; non irregenitus 177 s. 181 s. — subj. quo intellectus et voluntas 161. 146. — fines: justificatio, renovatio, salus aet. 162. — objectum formale revelatio I, 68. 74 s. III, 177. — doctrina de Chr. obj. fidei primarium 137 s. 177. — descriptio f. actualis 176, habitualis 177. — quid ad f. requiratur 616. — dogmata quae definitionem f. ingrediuntur I, 53.

proprietates fidei: certitudo ex parte objecti I, 69. 162, subjecti 162 s. Ebr. 11, 1. — Lutheri „Spiritus non est scepticus‟ etc. 163. homines cognoscere possunt certitudine sese credere sine nova revelatione ibid. — spes et caritas f. necessario conjunctae sunt 166 ss., sed non rationem salutis habent 168 s. — quando f. augetur simul dilectio augetur 399. — Gal. 5, 6. 168 s. — amitti potest 171 ss.; finaliter 172 s. — oportet f. esse finalem 174.

variae divisiones f.: f. qua et quae creditur I, 45. III, 136. — implicita et carbonaria 137 s. — generalis et specialis 140. 141. 141 s. — reflexa et directa 147 s. 164. 165. — in corde et ore 150. — „informis et formata‟ 169 s. 270. — finalis 171. 174. 175. — historica 174. — miraculorum activa et passiva ibid. — justificans 174 s. — vera (151 s.) 171. 175, hypocritica 175. — viva et mortua ibid. — parva et modica (ὀλιγοπιστία) 139. 164. 175. 275, magna 175. 275. — temporaria (πρόσκαιροι) 164. 171. 175. — stabilis et perseverans 175. — perfecta et imperfecta ibid. — concreta s. incarnata et abstracta s. absoluta 175 s. — angelica II, 120. III, 158. — elevata 274. — actualis 176, habitualis 187 s., habitus fidei 265. — fides „una‟ I, 48. 50.

varia: lucta non est signum incredulitatis III, 139. — אֱמוּנָה 144. — an fid. prior sit justificatione 188. 286. — f. quatenus ex operibus

cognoscitur objectum formale judicii extremi II, 262. — ἀκοὴ πίστεως
III, 135. 136. 154. — πληροφορία f. 146. — τέλος f. 162. — fides infantum,
vid. infantes. — de sensu f. 165. 147 s. 164. — ,,crede in Chr.'' non est
lex 390. — ,,durch den Glauben wird das Gesetz erfüllet in diesem
Leben'' 374.

    Antitheses: f. non esse notitiam 138, fiduciam 145. — de objecto f.
149. — ,,sola fide'' rejicitur 170. — f. quatenus justificat, esse obedientiam 170. 270 s. 281. — de ,,fidelibus adulteris'' etc. 173. — f. amitti
non posse 173 s. 591. — necessitas f. negatur II, 201 s. — a quibusnam
negetur f. esse instrument. pass. justif. III, 270 s. — f. elevari 274. —
fidem esse causam impulsiv. minus princip. salutis II, 200. III, 162.
265. 299, electionis 559 ss. 568. 602.

Fiducia, vid. fides.
Filiatio quomodo se habeat ad justificat. III, 254 s. 293.
Filidinus vid. Puccius.
Filius Dei, non est imago SS. Trinitatis sed Patris II, 146. — Pater non est
causa sed principium ejus 68. 72. — generatio ejus aeterna 50. 66 ss.
70. III, 25. — descriptio Filii II, 74. — de dicto ,,Pater major est me''
72. — ad Joh. 5, 19. 20. 74 s. — Chr. sec. h. n. non Filius Dei adoptivus
sed naturalis III, 41 s. non propter modum conceptionis Filius Dei
vocatur 84 s. — rationes, cur F. D. incarnatus sit 26 s. — essentialiter
coelum et terram replet 23. — nunquam recessit ab administratione
coeli ibid. — Antitheses: generationem Filii esse initium creationis
II, 97; eum cogitatione a Patre genitum esse 68. vid. generatio.
Filius hominis Chr. octogies bis in Script. dicitur III, 20. — significatio nomi-
nis 21. — generatio temporalis 25.
Finis, ab eo voluntas agentis ad agendum movetur I, 7. — dist. est inter finem
objectivum et formalem I, 9, proprium et communem e. g. III, 629. —
finis *cui* est usus rei in alio, cui finis procuratur 1, 10. (e. g. 114. III,
413 s. 434 s.) — finis *cujus* est, cujus acquirendi gratia efficiens movetur
et agit I, 10. (e. g. 117. III, 414.)
Fischer, K. P., III, 19.
Flacius, Matthias Illyricus (prof. Jenen., † 1575), de methodo analytica, syn-
thetica, definitiva I, 29. — de punctatione 110. — *Errores:* de notitia
Dei naturali II, 9. imaginem Dei fuisse formam substantialem homi-
nis 148. — peccatum orig. esse ipsam substantiam hominis 288 s. —
Chr. dolores infernales non sustinuisse III, 87. — de descensu Chr. 92.
Flaciani II, 148. III, 181.
Floriani (saec. II.) II. 251.
Foesterus, Joh. (prof. Wittenb., † 1556) I, 39. III, 451 s.
Foedus, baptismale III, 483.
Foetus vid. embryones.
Forerus, Laur. (Jesuit., † 1659), III, 92.
Forma (s. ratio formalis vel causa formalis, e. g. I, 112. III, 282. 284. 311.)
est causa interna, quae dat rei esse I, 2. 112. II, 92., vel denotat ipsam
totam rei quidditatem, vel causam eam, per quam res est id, quod est
III, 284. — Baierus hoc termino utitur pro differentia specifica III,
413. 424. 457. II, 33., alii pro tota rei quidditate III, 413. 457. II, 33.
[cf. ,,Lehre u. Wehre'' XIV, p. 9, nota.] — forma informans et assistens
quaenam sint II, 92. 109. — aliquid rationem formalem accipere potest
ab eo, quod suo modo etiam ad causam efficientem pertinet III, 521. —
vid. materiale.
Formula Concordiae, sine fide opera Deo non placere I, 18. — de infallibilitate Script. 96. — explicatio phrasis ,,peccata peccatis Deus punit''
II, 273 s. — rationem hum. evangelium intelligere non posse 285. —
Deum in omnibus non aequaliter operari III, 16. — unionem naturarum
in *Christo* non esse commixtivam 33. — ,,omnia'' Chr. sec. hum. nat.
tradita esse 54. ad Matth. 28, 20. — de omnipraesentia Chr. modificata
60. — quomodo communicatio majest. facta non sit 68. — quare ea
communicationem maj. tertio loco ponat 52. — exinanitionem et exalt.

dixerunt eos sine fide justificari II, 10. — eorum notitia de lege II, 270. III, 385. — eorum κακοζηλία I, 126. 130. varia eorum dicta vid. Aeschylus; Aetius; Aristoteles; Catullus; Chrysippus; Cicero; Democritus; Epicurus; Epimenides; Euripides; Herodotus; Lucanus; Lucianus; Lycurgus; Ovidius; Plato; Plinius; Plutarchus; Quintilianus; Sallustius; Seneca; Theocritus. — quomodo inexcusabiles sint 31. — eorum opera sunt aliquo modo bona III, 323.

Genus pertinet ad materiale II, 33. — omne genus proprie dictum cum suis speciebus ac individuis in plurali numero multiplicatur III, 15. — proprium genus est propinquum 403. — in definitione g. ambiguitas vitanda ibid. — inter g. et differentiam specificam unio notionalis est 32.

Gerhardus, Joh. (prof. Jenen., † 1637), in beatitudine consequenda meritum locum non habere I, 11 s. — de bonorum operum praemiis 13. — de consensu *theologiae* naturalis cum theol. revel. 22. — de notitia Dei innata et acquisita 26 s. — de theol. fine 37. 39. — de theol. objecto 43 s. — mysterium Trinitatis omnibus salvandis scitu necessarium esse 55. — dist. inter ignorantiam et negationem esse divinas Scripturas 63. — neminem nisi, qui Spiritum S. habeat, posse theologum esse 69 — theol. esse habitum θεόςδοτον 72. — ejus definitio theol. 75. — de identitate *Scripturae* cum verbo Dei 93. — Deum incepisse Scrip. scribere 106. — de materia ex qua Scr. 109. — de punctatione 110. — de traditione historica circa Scr. 144. — de Apocalypseos authentia 153. — verbum causam instrumentalem regenerationis 158. — quod scriptum erat quovis tempore, canonem exhibuisse 163. — Symbol. Apost. ab apostolis non scriptum ibid. — de contradictionibus in Scr. 164. — de claritate Scr. 170. 171. — laicis esse jus judicandi de doctrina 188. — de ratione ordinis locorum de Scr. et de *Deo* II, 3. — de Dei nominibus 4. 8. — de notitia D. naturali 9. — nihil esse in Deo, quod non sit ipse D. 12. — an D. definiri possit 15. — an trinitas cum simplicitate pugnet 18. — an creatio D. mutabilem reddat 20. 76. — de infinitate D. 20 s. — de immensitate D. 22. — D. non esse in spatiis imaginariis ibid. — approximationem Dei specialem rejicit 25. 26. — de vita D. 28. — de scientia D. practica et theoretica 29. — de praescientia 30. — de necessitate consequentiae et consequentis 31. — de voluntate D. 32. 34; signi et beneplaciti 39. — actum voluntatis et intellectus D. esse ipsam essentiam D. III, 551. — quomodo voluntas D. ad peccata se habeat II, 40. — in D. non esse justitiam commutativam 41. — quaenam D. impossibilia sint 42. — D. potentia absoluta damnatos liberare posse 44. — de essentiali bonitate D. ibid. — e V. T. Trinitatem probari posse 47. — caute loquendum esse de Trinitate 56. — de usu vocis Trinit. 58. — quare patres non tam „substantiae“ quam „essentiae“ nomine usi sint 59. — attributorum non esse actiones 62. — de operibus Trinit. ad intra, ad extra, mixtis 65. — de generatione Filii D. 67 s. — de spiratione Sp. S. 69. — vocem „Patris“ vel οὐσιωδῶς vel ὑποστατικῶς sumi 73. — de voce „subsistere“ 76. — an animalia noxia a Deo creata 88. — post hominem D. nihil creavisse 94. — de propagatione animae 101. — superbiam primum peccatum *angelorum* 133. — de obsessione 138. — *imaginem* Dei fulsisse in toto homine 147. — deliberationem Dei ante creationem hominis arguere hom. praestantiam 143. — „similitudinem“ Gen. 1, 26. ἐξηγητικῶς accipiendam esse 144. — conformitatem hominis cum D. fuisse geminam 147. — de verbis Hieronymi negantibus *providentiam* D. universalem 166. — Deum omnes creaturas suo verbo portare Matth. 4, 4. 168. — ingressum vitae peculiariter providentia div. regi 171. — de hora et genere mortis 179. — quidnam ex lumine naturae de *beatitudine* cognosci possit 181. — de Matth. 5, 8. 182. — visionem Dei beatificam etiam actum voluntatis esse 182. — in beatis futuram esse cognitionem sociorum, agnatorum inter damnatos, mysteriorum divin. 185. 186. — ex visione beatif. oriri dilectionem, glorificationem et exultationem 188. — beatos fore in bono confirmatos ibid. — de gaudio coelesti 190. — de beatitudine corporis 191. — de subtilitate et

motu corporum b. 192 s., de impassibilitate 194, de pulchritudine 195.
— de lingua coelesti 197. — de gradibus gloriae 197 s. — de annihila-
tione 204. — *damnatos* visuros non esse felicitatem beat. in specie et
πρακτικῶς 206. eis fidem et spem non fore 207. — de poenis inferni quoad
sensus singulos 212. — de verme rodente ibid. — an praeter ignem et
vermem alia corporalia supplicia statuenda sint 212. — an Deus auctor
inferni 216. — de ποῦ inferni 220. — quidnam de Mose in transfiguratione apparente aestimandum sit 231. — totum hominem sed non totum
hominis *resurrecturum* esse 245. — corpus in resurrectione numero idem
247. — de statura corporum resur. 248. 249. — versus chiliasmum 252 ss.
256. — de Chr. adventu 258 s. — de Chr. judice 259. — piorum peccata
in judicio non recenseri 263. — de consummatione saeculi 265 s. 204.
— de phrasi F. C. „Deus *peccata* peccatis punit" 274. — de Rom. 5,
12. 281. — quo respectu pronitas ad malum peccatum sit 286. — de
libero arbitrio 297 s. — quaedam per se, quaedam κατ' ἄλλο peccata esse
309. — de phrasi Lutheri „justum in omni bono opere peccare" ibid.
de peccatis alienis 321 s. — septem pecc. mortalia scholasticorum
326. — solis renatis peccatum in Spiritum S. tribuit 328.

de universalitate *gratiae* III, 7. — de voluntate absoluta et conditionata 10. antecedente et consequente ibid. — „Deus ita misericors
est, ut sit simul justus 13. — an alio medio Deus nos liberare potuisset
13 s. — de momento loci de *Christo* et incursionibus Satanae in eum 18. —
de significatione vocis „Jesu" et „Christi" 19. — dist. inter salvatorem
mediatum et immediatum, salutis applicationem et acquisitionem 20.
— naturam hum. Chr. esse creaturam 22. — de dualitate naturarum et
unitate personae 23. — „ἐκ τοῦ πνεύματος" 27. — modum unionis naturarum esse captum hominis transcendentem 32, non esse naturalem sed
μονότροπον 34 s. — λόγον semper sibi praesentissimam habere carnem et
vic. vers. 36. — de actibus natural. et person. in Chr. 37. — an disparata de Chr. praedicentur 39. — „Deus est homo" 40. — quomodo Chr.
Deus secundum hum. nat. dicendus sit 41. — quid communicatum sit
Chr. ab aeterno et in tempore II, 51. — de propositionibus suo modo
personalibus III, 43. — an quatuor genera com. id. statuenda 45. —
de I. genere 46. — de particulis diacriticis 49 s. — de Filii Dei passione
46. — de praedicationibus abstractivis 49. — de II. genere 53. — Cal-
vinian. opinio de propositione „Deus est passus" 46 s. 75. — de notione
vocis exinanitionis 76. — exinanit. non esse nudam κρύψιν 83. — de du-
ratione status exin. ibid. — de conceptione 84. — de Chr. in triduo
mortis, Gerh. monuit Meisnerum hac de re 88. — de voce exaltationis
89. — de resurrectione Chr. 94. 95. — de apparitione Chr. tempore mortis Stephani 98 s. — rejicit duplicem unctionem Chr. 101. — an Chr.
venisset, si homo non peccasset 101 s. — de divisione officii Chr. 103.
— de necessitate obedientiae activae 118 s. 259, mediatoris θεανθρώπου
124 s. — de voce *fidei* 136. — fid. esse notitiam 136 s. — necessitatem
fid. nihil universalitati λύτρον Chr. derogare 140. — de fid. infantum
158 s. — de fiducia spei et fidei 167. — fidei semper caritatem conjunc-
tam esse 168. — Petrum fidem amisisse 171 s. — per quodvis peccatum
mortale fidem amitti 172 s. — de variis fidei generibus et divisionibus
174. — causam instrumentalem *regenerationis* esse verbum 184. I, 158.
— qua ratione ministri causa regen. sint 185. — comparat regenerat.
cum generatione naturali 188. — de merito de congruo et de condigno
210. — hominem habere capacitatem passivam ad convers. 222. — de
Novatianismo 237 s. — de gravitate doctrinae de *justificatione* 245. —
de mediis gratiae 260. — de justific. objectiva 150. 271. — de ratione
fidei ad justific. 268. 269. — quibus modis Christus ad justif. concurrat
271. — ad Rom. 5, 18. 19. ibid. — fidem solam justificare quamvis nunquam sit sola 278. 279. — per non propter fidem hominem justificari
I, 42. III, 268. — Deum remittere peccata illaesa justitia sua III, 283.
— pecc. remissionem fundari in justitia Chr. ibid. — de *operibus* non-
renatorum 323; haereticorum 325. — de b. o. mercede 327., quare non
sint meritoria I, 11 s. III, 335 s. — discrimen inter verbum scriptum

et non-scriptum nullum 338 s. — quaenam mandata ad *legem* moralem, ceremonialem, forensem pertineant 368. — sacrificia ante Mosen ἐθελοθρηοκείας non fuisse 369. — de ,,consiliis evangelicis" 375. — de discrimine legis et evang. 387. — promissiones evangelicas non esse conditionatas 389 s. — arborem vitae instar *sacramenti* fuisse 401. — signa gratiae ab initio data esse 400. — de usu vocis ,,sacramenti" 402. — genus in definitione sacram. 403 s. — Lutheri de causa ministeriali sacram. opinio 409. — de materia coelesti 412. 423. 431; baptismi 453. — de modo operandi sacram. 414. — de eorum finibus principalibus et minus princ. 417. — pascha non fuisse sacrificium 427. — pascha in templo celebrandum 429. — quo sensu absolutionem et ordinationem sacramentis annumerari 434 s. — de *baptismo* Johannis 438. — de haerecticorum bapt. 440 s. — an liceat seipsum baptizare, an non-baptizatus rate baptizare possit 442. — an immersio debeat esse totalis 445. — de forma baptism. 457. (413). — quid denotet ,,in nomine Pat., Fil. et Sp. S." 457 s. — an baptis. ratus habendus, si syllaba in verbis mutetur 460. — consecrationem aquae baptism. necessariam non esse 461. — baptis. mortuorum et caupanarum 462. — de voce μαθητεύσατε Matth. 28. 464. — quare Chr. XXX. anno baptiz. sit 464 s. vs. Anabaptistas ibid. — de infantibus sine bapt. morientibus 466. — an liberi apostatarum etc. baptizandi sint 469 s. — baptismus adultorum non otiosus 472. — qua ratione sacr. mediis salutis annumerentur 472 s. — vs. Calvin. errorem liberos fidelium sanctos nasci 478. — adultos ante bapt. in religione christ. instituendos esse 481. — de ceremoniis baptismalibus 486. — de exorcismo 487. — de institutione *coenae sacrae* 491 s. — de distributione elementorum 495. — vs. transubstantiationem 499. — de modo praesentiae Chr. in coen. s. 503 s. — ,,in, cum, sub" 516 s. — ,,recordatio Chr." 523. — de fine et fructu coen. s. 524. 525. 529. — doctrinam *praedestinationis* in ecclesia proponendam esse 533. — pr. non ad προςκαίρους pertinere 540. — non pendere ex operum merito 553 s. 555. — ad Joh. 15, 16. 554. — fidem non esse causam impuls. elect. 565. 566. — qua ratione Chr. praedestinatus dicatur 570. — de Augustini ,,Deum homines elegisse, ut credant" 575. — numerum electorum augeri vel minui non posse 590. — de certitudine electionis, quomodo electi cognosci possint 597 s. — quid deletio ex vitae libro denotet 613. — *ecclesiam* ,,sanctam" esse 616 s. — fideles non-baptizatos membra eccl. 617. — incredulos *in*, sed non *de* eccl. esse 617. — homines duos eccl. (partic.) constituere posse 628. — qua ratione eccl. ,,catholica" dicatur 632. — qua ratione eccl. partic. ,,domus Dei" dici possit 638. — qualem doctrinam, talem ecclesiam 640. — duplici ratione eccl. eccl. veram dici posse 641. — unitatem fundamentalem tantum in hac vita locum habere 644 s. — de unitate canonica, ecclesiastica, symbolica Lutheranorum 645. — ubicunque baptismus ibi eccl. 647. — de invisibilitate eccl. 648. 650. — non esse simpliciter de necessitate salutis, ut quis particulari eccl. se conjungat 652. — de eccl. repraesentativa 656. — de usu vocis schismatis et haereseos 664. — antichristum non esse unicam singularem personam 673 s. — papam ostentare se ipsum esse Deum 676 s. — etiam verbum lectum esse organon gratiae 685. — quibusnam claves regni coel. sint commissae 695. — quid sit potestas ordinis et jurisdictionis 703. — de septem officiis ministerii 706. — de privata confessione 709. — de presbyterio 714. — ad Matth. 18, 17. ibid. — de jure episcopali 717. — ad 1 Cor. 11, 34. 2 Cor. 10, 8. ibid. — de ministris vocatione legitima destitutis 723. — potestatem constituendi *magistratus* esse primitus penes populum 729. — de caesareopapia 733. — principes olim sacra quaedam cum consensu eccl. administravisse 738. — principem qua christianum esse membrum eccl. 741. — an tyrannis parendum sit 743. — an magistratus et ministri ab officio removeri possint 743. — quo sensu reges dicantur domini 744. — de monarchia, aristocratia, democratia 745. — judicium de *conjugio* ad magistratum et ecclesiam pertinere 746. — de sponsis, qui ante benedictionem sacerdotalem per copulam carnalem conjugium consummarunt 754. — prohibitiones Lev. 18. non ad personas tantum expresse nominatas, sed ad gradus pertinere 757. 759. — an omnia conjugia in gradibus prohibitis inita dissolvenda sint 771. — de divortio 774 s. — similitudine de vulpeculis Simsonianis utitur III, 56.

 Naevi: diabolos tortores in inferno fore II, 141. — elevationem verbi docet I, 160. — magistratum esse utriusque tabulae custodem III, 703.

Gerhard, Joh. Er. (prof. Jenen., † 1668), I, 158. II, 255.

Gerlachius, Steph. (prof. Tubing., † 1612), III, 588.

Gerson, Christ. († 1627), ejus conversio I, 137.

Gerson (R., † 1040) III, 755.

Gesnerus, Sal. (prof. Wittenb., † 1605), Calovius eum magnum theol. vocat III, 226. — approximationem special. Dei rejicit II, 26. — de voce ,,tohu va bohu" 81. — de unitione naturarum in Chr. III, 30 s. — de nominibus officii Chr. 75. — humanitatem Chr. esse supra et extra omnes creaturas 61. — quid sit initium creationis 84. — ubinam Chr. XL. dierum spatio versaretur 96. — hominem non posse velle sui conversionem 226. electos certe salvari 588.

Gess, W. Fr., III, 81.

Γινώσχειν etiam effectum importat II, 182. 187. III, 569.

Glassius, Sal. (prof. Jen. et superint., † 1656), I, 179. II, 24 s.

Gloria Dei ex doctrina de justific. patet III, 287 s. vid. finis ultimus omnium fere loc. theol.

Gnaphaeus, Guil. (humanista, † 1568), I, 160.

Gnostici (saec. II.) II, 251. III, 331. 460. vid. Apelles; Basilides; Cathari; Encratitae; Heracleonitae; Marcion; Priscillianistae; Prodianitae; Sethiani; Valentiniani.

Goclenius, Rudolph. (prof. Marburg., † 1628), I, 82.

Godschalcus, Fulgentius (monachus Rhemensis, † c. 869), III, 9. 122. 607.

Goel III, 125.

Goeschel, K. Fr. (ICtus theosoph., † 1861), III, 19.

Gogi et Magogi excidium II, 257.

Gomarus, Franc. (prof. Leidens., † 1641), III, 9.

Gordon Huntlaeus, Jac. (Jesuita, † 1620), I, 87.

Gottfried, Huberianus, III, 379.

Gradus gloriae II, 197 s. 260., poenarum infernalium II, 213., peccatorum 324 s. — justificatio non habet gradus III, 252. — de gradibus in officio ministerii eccl. 705. — de gradibus conjugii prohibitis: praecepta de eis moralia sunt II, 271 s. III, 756. — prohibitiones non tantum ad personas nominatas, sed ad gradus pertinent 757. 759 s. 764. 770. — de ,,ad carnem carnis suae" 757. — prohibitiones ad praeceptum dilectionis pertinere 758. — de conjugio fratris cum sorore 758. 764. — de respectu parentelae 759. — consanguinitas et affinitas quid sit 760. — non omnis affinitas impedit matrimonium ibid. — Baieri enumeratio graduum et linearum conjug. prohibitarum 760—770. — quid sit linea et gradus 761. — tres regulae rationis computandi gradus 762 s. — de nuptiis inter consobrinos 764. 772. — quare ecclesia prohibuerit nuptias jure divino non prohibitas 764. — an in gradibus prohibitis dispensari possit 772. — de conjugio cum defunctae uxoris sorore, Lev. 18, 18. 767—770. — conjugia in gradibus prohibitis inita alia omnino dissolvenda 770 ss. 774. 776, alia toleranda sunt 770 ss. — errores hac de re 765.

Graeca lingua Nov. Test. I, 110 s. — an soloecismi in ea admittendi ibid. cf. versiones.

Graeca ecclesia (orientalis), negat ,,filioque" II, 69. — fermentatum panem in coen. s. adhibuit III, 500. — formula baptismi in ea 458. 459.

Gratia Dei, locus III, 3—18. de momento hujus doctrinae I, 56. — est articulus fundament. 53. — gr. primum locum obtinet inter principia salutis III, 3 s. — scaturigo et fons salutis ibid. — hic benignus Dei favor erga peccatores est, non dona infusa, habitus, auxilia 42. 257 s. — Melanchthonis *κυβεία* 5. — ad Rom. 5, 5. ibid. — debito opponitur 6. — de

universalitate gr. 6—10. 543. — non est otiosa Dei complacentia 10 s.
— non tollit justitiam vind. 12 ss. — an Deus alio medio nos salvare
potuisset 13 s. — gratia Deum movit, ut mediatorem miserit 14 s., et
fidem conferat 15 ss. — finis gr. est gloria bonitatis Dei 17. — descriptio 17 s. — gratia gratis data et gratum faciens 258.
     Antitheses: de gratia infusa 4 s. 253. 258. seu donis gratiae 258.
— Calviniani aliique universalitatem gr. negant 8 ss. 17. — gratiam esse
absolutam 12.
Gratia (pro actualibus gratiae auxiliis accepta), vox gratiae ab Augustino adhibita III, 220. — disting. inter gratiam quae agit *ante* conversionem
(incipiens, praeveniens, praeparans, excitans, assistens), *in* conversione
(operans), *post* conv. (cooperans, adjuvans, inhabitans) 220 ss. 223. 206.
— per gratiam assistentem habitus theologiae confertur I, 72. — descriptio operationis gratiae praevenientis I, 136. III, 225. II, 398. —
dist. inter gratiam paedagogicam et immediate salutiferam I, 9. (III,
548). — „patroni naturae fiunt inimici gratiae" III, 228. — primum mo-
tum gr. nemo effugere potest 231. 548., sed gratia non irresistibiliter
ad fidem determinat 15 s. 230 ss. 204. — an gratia peculiaris electis sit
praeparata 549. — προςκαίροις gratia satis efficax donatur ibid. — cur
non in omnibus fidem efficiat 16 s. 153 s. 581. 582 ss. — „gratia amplior"
575. 580. 605. — vid. organa gratiae et salutis; repugnantia.
Grapius, Zach. (theol. Rostoch., † 1713), III, 494.
Grau, R. F. (prof. Regiomont.), I, 101.
Grauerus (Grawer), Albert (prof. Jenen. et superint., † 1617), II, 287. III,
278. 412. 686. 687.
Gregorius, Nazianzenus (episc. Sasimensis, † c. 389), de usu vocis οἰκονομίας
et θεολογίας I, 5. — de SS. Trinitate 55. — de definitione essentiae II,
59. — „Θεοῦ γέννησις σιωπῇ τιμάσθω" 66. — ad Joh. 5, 19. 75. — de in-
carnatione III, 101. — de intercessione Chr. 127. — de fidei partibus
147. — de baptismo Chr. 464. — *naevi:* ad Joh. 14, 28. II, 72. — de
creatione angelorum 106. — de imagine 150.
Gregorius (episc. Nyssenus, † post 394), de communicatione idiom. III, 54.
— *naevi:* II, 102. III, 86. 354.
Gregorius Magnus (episc. Rom. 590—604) II, 261. III, 676. 698.
Gregorius de Valentia (prof. Ingolst. Jesuita, † 1603) II, 124. I, 107. III,
370. 391. 395. 430. 436. 736.
Gretserus, Jac. (prof. Ingolst. Jesuita, † 1625), I, 175. 176.
Grotius, Hugo (theologus, ICtus, poeta, † 1645), I, 127. II, 108. 130. III,
109. 370.
Grynaeus, Joh. Jac. (prof. Basileensis, † 1617), III, 476. 713.
Gualtherus, gener Zwinglii II, 10.
Guenther, Gotthard, III, 25.
Guericke, H. E. Ferd. (prof. Hallens., † 1878), II, 83. III, 497.
Haberkornius, Pet. (prof. Giessensis, † 1676), III, 669.
Habitatio Dei in sanctis, vid. unio mystica.
Habitus est qualitas crebris exercitationibus acquisita et ita confirmata, ut sine
maxima mutatione tolli nequeat I, 3. II, 319. — est perfectio quaedam
superaddita naturae et difficulter mobilis I, 24 s. — non infunditur in
instanti III, 187. — per habitum contrarium tollitur 201. — habitus
fidei s. credendi III, 187 s. 200. 265. — theol. est habitus practicus θεος θ.
I, 32 ss. 76. 7. — an theol. etiam habitus voluntatis sit 69.
Hackspanius, Theo. (philol., prof. Altdorf., † 1659), III, 430.
Haereditas vitae aet. quomodo se habeat ad justificationem III, 254 s.
Haeresis, quid sit I, 51. 61. — h. materialiter et formaliter considerata 63.
— diaboli h. spargunt II, 140. — de usu vocis bibl. et eccl. III, 663 s.
— distinguitur a schismate ibid. — infert reatum schismatis 662 s. —
haer. origo defectio ab articulo justificationis 241. 243. 244. — omnis
haer. est versus praeceptum I., quia Christum verbo exhibitum negat
261. — est signum judicii II, 251 s.
Haereticus, quis sit III, 657. — eorum opera non sunt spiritualiter bona 325.
eorum baptismus 440 ss. — a sacris eorum abstinendum est 641 ss. —

vi coercendi non sunt 736. — quinam doceant eos morte mulctandos
esse ibid. vid. heterodoxi.

Hafenrefferus, Matthias (prof. Tubing., † 1619), de punctatione I, 110. — de
definitione essentiae Dei II, 14. — quid Keplero suaserit 86. — an animalia ex specierum commixtione vel ex putredine orta a Deo creata
87 s. — de cruciatibus infernalibus 211 s. — de materia coelesti sacrament. III, 412 , baptismi 450 s. — vs. transubstantiationem 498 s. naevus: conversionem insignem Judaeorum ante judicium expectandam
II, 258.

Hahn, G. L. III, 81.

Hahn, J. M. II, 83.

Halcyonia ecclesiae expectanda non est ante judicium II, 252. 254. vid.
chiliasmus.

Hamann, J. G., I, 124.

Hamberger, Jul.. II, 83.

Hannekenius, Menno (prof. Marpurg., † 1671), resurrectionem non naturae
viribus fieri II, 243. — de conversione III, 222. — omnes credentes
salvari non esse totum electionis decretum 540 s. — fidem non esse causam praedestinationis 565.

Harless, G. Ch. A. (praeses consistorii Bavar., † 1879), theologiam esse scientiam I, 35. 37. — ejus synergismus II, 302.

Hartmannus, Joh. Lud. (superint. Rotenburgensis, † 1684), III, 164. 469.
685. 737 s.

Hasenmellerus, Elias, I, 116.

Hasius, C. (prof. Jenen.), I, 28.

Hebraea lingua V. T. I, 109 s. — punctatio est recens inventum 110. — an
evang. Matth. et epistola ad Hebr. in ea primum consignata sint 111.
vid. versiones.

Heerbrandus, Jac. (prof. Tubing., † 1600), de creatione Evae II, 93. — providentiam Dei libertatem voluntatis hominis non tollere 176. — quum
fides donum Dei sit, cur hoc uni, alteri vero non detur III, 154. 583. —
fidem non esse conditionem 268. — de materia coelesti sacramentorum
in genere et baptismi tacet 412. 448.

Hegel, G. F. W. (philosophus, † 1831), II, 149.

Heilbrunnerus, Jac. (ecclesiastes aulicus Neoburgensis, † 1618), III, 540.

Heldius, Adolf (ecclesiastes Stadensis, † 1653), II, 256.

Helvidius (discipulus Arii saec. IV.) I, 66. III, 86.

Hengstenberg, Er. W. (prof. Berolin., † 1869), II, 105. III, 254.

Heracleonitae (gnostici saec. II.) II, 92.

Hermas (Messalianus saec. IV.) I, 90.

Hermeneutica s. I, 177—179. vid. interpretatio.

Hermogenes (haeret. c. 200) II, 301.

Herodes (Agrippa I., † c. 44) verbum ἡδέως audivit III, 203. 219.

Herodotus (historicus c. 450 ant. Chr.) III, 729.

Heshusius, Til. († 1588), III, 409 ss. 448. 730. 737.

Heterodoxi, dist. inter seductos ac dociles et seductores ac pertinaces I, 62 s.
— consequentiarum evidentia non semper ab eis cognoscitur ibid. —
abstinendum a sacris eorum III, 641 ss. fugiendi sunt 666 ss. 665. —
ad concilia eccl. non admittendi 657. — de civili cum eis societate 669.
670. tolerantia errorum cum Scriptura pugnat 671 s. vid. haeretici.

Heulerus, Jonas (theol. Lutheran. saec. XVII.), II, 263.

Hierarchiae tres II, 126. III, 725.

Hieronymus, Sophron. (Stridonensis, † 420), vs. Helvidium III, 86. — decem
nomina Dei colligit II, 4. 5. — usuram quaerere damnat III, 363. —
dist. inter schisma et haeresin 664. — 1 Joh. 5, 7. authentiam agnovit
45. — creationem animae asserit 102. — ejus distributio decalogi III,
346. — contentio inter eum et Augustinum 645.
  errores: notitiam Dei naturalem sufficientem esse ad salutem II,
10. — de creatione angelorum 106. — de providentia universali 145.
166. — accidentalem mundi mutationem in die ultimo docet 266. —

sionis 323. — de voluntate antecedente et consequente III, 11. — de resistentia malitiosa et naturali 15 s. — omnipotentia sua Deum omnes convertere posse ibid. — de persona *Christi* ἐνσάρκῳ et ἀσάρκῳ 20. — De propositione : Chr. est creatura 22. — Chr. assumsisse infirmitates naturales, non personales 29. — dist. inter unitionem et unionem naturarum 31. — de unione naturarum 32. 35. — de fundamento propositionum personalium 40. — de I. genere com. idiom. 45. de II. genere 53. — exinanitionem non esse nudam κρύψιν 82 s. — de descensu Chr. ad inferos 91. — de causa efficiente resurrectionis Chr. 93. — de ascensione 96 s. — ad Joh. 18, 36. 129. — dist. inter satisfactionem et satisf. applicationem 135. — de fide speciali et generali 141. — fidem in Chr. formaliter includere fiduciam 143. — regenerationem esse reiterabilem 190. — eucharistiam esse medium gratiae 261. fidem solam justificare tametsi nunquam sit sola 278. — de mediis salutis 337. — Christum non esse novum legislatorem 376 s. — pascha non fuisse sacrificium 427 s. — de aqua baptismali 443. 444. — de re coelesti bapt. 456. — per bapt. tolli reatum et dominium peccati 483. — quo sensu patres de mutatione in coen. s. locuti sint 499. — de phrasi ,,panis est corpus Chr.‛‛ ibid. — dist. inter non-resistentiam paedagogicam et spiritualem 548. — decretum praedest. non esse absolutum neque conditionatum 586. — de notione electionis a Tubingensibus concepta 591. — qua ratione nostra ecclesia catholica sit 645. — quis schismaticus 664. — nomen antichristi bifariam accipi 672 s. — de magistratu 729. — *Naevus :* Deum hunc vel illum elegisse, *quia* crediturus et perseveraturus esset 586.

Homicidium morte puniendum est II, 147 s., est peccatum clamans 326.

Homo, subjectum operationis theologiae I, 40. II, 267. III, 3 s. — doctrina de homine peccatore articul. fundam. primarius I, 53. — creatio hominis II, 88 ss. — cur ultimus creatus ibid. — factus est מִן־הָאֲדָמָה ibid. — praestantia h. 88 s. 143. — immortalitas 89. — trichotomia rejicitur 91 s. — an corpus animae instrumentum sit 92. — Adam omnium h. primus 92 s. — h. ,,in puris naturalibus‛‛ conditum esse Scholast. et al. docent 151. — in ejus bonum omnia creata sunt 88. 170. — Deus generali specialique influxu ad producendum hominem concurrit 170 s. — ad coelestem vitam h. conditus 265. h. ut creaturae rationali legem obedire convenit 271. — Vid. anima; imago.

Homo animalis II, 284 s., spiritualis ibid. — h. vetus III, 300. 302. — h. novus 302. 305. — h. interior et exterior 303.

Homo vilis, Christus h. v. in statu exinanitionis III, 76.

· **Hornbeckius** III, 442.

Horatius, Q. Horatius Flaccus, I, 31. III, 510. 783.

Hornejus (Horney), Conr. (prof. Helmstad., † 1649), verbum Dei cognosci non posse sine ecclesiae testimonio I, 143. 166. — de angelo custodiali II, 130. — infantes peccata actual. non habere 323, neque fidem III, 161. — hominem in progressu conversionis non esse mortuum 223. 205 s. — hominem ex operibus quoque justificari 282. — bona opera necessaria ad salutem 334. — evangelium conditionatum esse 391. — legem et evangelium confundit 395. —ʼaliquid in nobis esse causam electionis 554. — papam non esse antichristum illum magnum 682 s.

Hosius, Stanisl. (cardin., † 1579), I, 162.

Hospinianus, Rud. (theol. ref., † 1626), III, 63.

Hottingerus, Joh. Henr. (prof. ref., † 1667), II, 93.

Huber, Sam. (prof. Wittenb. 1592—95, † 1624), III, 286 s. 482. 577 s. 579. 591.

Huelsemannus, Joh. (prof. Wittenb., † 1661), theologus consummatissimus a Quenstedtio vocatur III, 302. — dist. inter seductores et seductos heterodoxos I, 62. culpam inferre articulos non-fundamentales negare 66. — de momento doctrinae de antichristo 67. — quaestiones circa externa Scripturae non esse artic. fid. 68. — de infallibilitate pontificis Rom. 81. — vs. Vincentium Lerin. 87. — de dicto ,,quod ubique, semper‛‛ etc. 88. — de materiali et formali Script. 113. — de argumentis externis pro inspiratione probanda allatis 121. — verbum et sacram. non physice,

7

Huntlaeus, vid. Gordon.
Hussus, Joh. († 1415), III, 503. 614. 619.
Hutterus, Leonh. (prof. Wittenb., † 1616), verbum esse organon conversionis I, 158. — de opere I. diei creationis II, 81. — de loco inferni 220. — an omne peccatum privatio sit 287. — de subjecto quod peccati in Spiritum S. 328. — de I. genere comm. idiom. III, 51. — de omnipraesentia Chr. 63. — de conversione 203. — usui mediorum gratiae meritum tribuendum non esse 210. — obedientiam novam non esse partem poenit. 212. — de actibus paedagogicis 219. — hominem habere capacitatem passivam convers. 222. — de terminis a quo et ad quem justificationis 249. — de materia coelesti baptismi 451. 456. — ad Joh. 6. 490. — quo respectu articulus de Christo in doctrina de coen. s. in censum veniat 490 s. — Pelagium doctrinam praedestinationis calumniari 533. — fidei praevisionem non esse causam electionis 565. — electos certo salvari 588. — *Naevus:* Libros Symb. θεοπνεύστους vocat I, 140.
Hylozoismus II, 97 s.
Hymenaeus et Philetus II, 282.
Hypocritae quoque perfunduntur Spiritu S. in baptismo III, 456.
הַצַּדִּיק III, 246. 248.

Ideae in intellectu divino causa exempl. creationis II, 96.
Idioma, vid. communicatio idiom. — syngramma.
Ἰδιοποιία καὶ ἰδιοποίησις III, 45.
Idola, terminus a quo object. conversionis III, 195.
Ignatius III, 665.
Ignis, ejus creatio II, 81 s. 84. — ig. inferni 209 ss. — de igne inf. metaphorice accipiendo ibid. 142. — mundus igne peribit 264 ss.
Ignorantia, ejus partitio II, 315 s. — an excuset 316. — incredulitas appellatur ignorantia aliquando in Scriptura III, 136. — de peccato ignorantiae II, 320. 322. — vid. notitia.
Illuminatio Spiritus S. lucem non Scripturis infert, sed oculum lucidum efficit I, 172. — de luce spirituali III, 182.
Imago divina, locus II, 143—160. — ratio ordinis hujus loci 143. — ex ea dignitas hominis elucet ibid. — peccatum orig. melius cognoscitur facta collatione imaginis divin. 283. — de vocibus צֶלֶם et דְמוּת 143 s. — causa eff. Deus 144. — c. imp. bonitas Dei 144 s. — c. exemplaris in una persona div. quaerenda non est 145. — vs. errorem caus. ex. esse humanam Christi nat. 145 s. III, 19. — non ad omnia, quae in Deo sunt, referenda neque eo perfectionis gradu in homine est quo in Deo 146. — imago Dei in angelis 121. — generaliter et specialiter accipitur 146 s. *general. accepta* ipsum esse spirituale animae, ejusque potentias, immortalitatem corporis (I, 65), dominium includit 147 s. — imago Gen. 1, 26. general. intelligenda est 147. — hoc modo homo etiam post lapsum extra statum renovationis imago Dei dicitur 147. — im. gen. acc. et justitia originalis ut totum et pars se habent ibid. — ejus rudera seu reliquiae I, 25. 26. — Deus homini ex parte corporis contulit vultum ad coelum erectum, corpus immortale etc. II, 155 s., dominium 156 s. 149. — finis communis gloria Dei 159. — definitio 160. — im. *specialiter accepta:* importat perfectiones quasdam accidentales homini concreatas 149. — a sapientia, justitia, sanctitate originali homo absolute loquendo imago Dei dici potest 153. — anima ipsa et corpus non pars imaginis 149. — quidnam Deus homini contulit ex parte intellectus 149 s., voluntatis 151, appetitus sensitivi 152. — im. div. donum naturale, quo absente natura impura est 153 s. — donum haereditarium 154. — quousque proroganda vita in statu integritatis fuisset, nemo scit 159. — *subjectum* quod Adam et Eva 159. — de inaequalitate Adami et Evae quoad imaginem 158. — subj. quo facultates animae ibid. — finis prox. vita sancta; remotior beatitudo 159. — im. div. adjuncta ibid. — definitio ibid. — vid. status integritatis.

Antitheses: causam exempl. fuisse human. Christi nat. II, 145 s.
III, 19. — plane negatur 149. — de justitia originali 150 s. — hom. in
puris naturalibus conditum esse 151. — rebellionem partis inferioris
advs. superiorem fuisse connaturalem 152. — ab homine lapso propa-
gari posse 153. — non fuisse donum naturalem 154 s. — mulierem ad
imaginem conditam non esse 158.

Imaginum prohibitio III, 346. 347. 349 s.

Imitatio Christi III, 376 s.

Immanuel, Chr. est I. non nominetenus tantum III, 32.

Immensitas Dei, vid. Deus (attributa). — an hum. Chr. nat. communicata
III, 54 s. 69.

Immortalitas animae ex lumine naturae certo cognosci non potest II, 231. —
creatio hominis ostendit im. 88 s. — de animae post mortem operationibus 232. — Cicero de ea dubitat 231. — varia gentilium dicta I, 18.
19. 31. — im. corporis in statu integritatis II, 147. 155 s. — momentum
hujus dogmatis I, 65. — Christi jus im. III, 30.

Immutabilitas vid. Deus (attributa).

Immutatio eorum, quos dies extr. vivos deprehendit — 1 Cor. 15, 51. II,
230.

Impletio legis hominis et Christi vid. lex.

Impoenitentia finalis causa impuls. ext. judicii extr. II, 260, resurrectionis
impiorum 244. — non semper est peccatum in Spiritum S. 328. — vid.
incredulitas.

Imputatio lapsus Protoplastorum II, 290 ss. — imp. justitiae Chr. non est
otiosa III, 255. — imp. obedientiae Chr. activae et passivae 251 s. 259.
— non-imputatio peccatorum forma justificationis est 282 s. — culpa
nostra Christo imputata 114 ss.

Incarnatio, opus trium personarum Trinitatis II, 65. — divinitas agit, non
patitur physice III, 23 s. — inc. deitatem non tollit II, 12. 20. III, 23.
24. — non dicendum ,,homo est factus Deus'' nec ,,Deus assumpsit hominem'' 24. — λόγος non personam hominis, sed. natur. hum. suscepit
25. — inc. idem atque assumptio 26. — qua de re *Filius* Dei incarnatus
26 s. — inc. Deus non augetur aut perficitur 48. — in ea Chr. nat. hum.
ex Maria assumpsit 23. — et exaltatio et exinanitio sensu eccles. vocatur 76. 89. — non est exinanitio pr. s. d. 77. 78. 82. — dist. inter inc.
et modum inc. 84. — finis est redemptio 100. — articulus de inc. est
purus I, 48. — an angelis in statu viae cognita II, 120.

Incredulitas quatenus ex operibus cognoscitur objectum formale judicii ext.
II, 262. — quo sensu inc. sola damnet 217 s. III, 606. — causa adae-
quata damnationis est ibid. — causa impuls. reprobationis 605 s. — in
Script. ignorantia, stultitia etc. appellatur 136.

Incontinentia II, 316.

Indifferentia ad bonum et malum in vita aeterna non est II, 189, neque in
homine non-renato, per gratiam praevenientem excitato III, 220. 224,
neque in irregenito 317. 320. 326, neque in regenito 224.

Induratio II, 274. 310. III, 581 s. — angelorum malorum II, 135.

Infallibilitas pontificis Rom. non est principium theol. I, 81. — declaratio
infallibilitatis dogmatis I, 81. 185 s.

Infantes, an infantes *gentilium* realibus cruciatibus subjiciantur II, 213. —
de eis ad nos nihil attinet judicare ibid. III, 466. — Lutherus eos divinae bonitati commendat II, 213. — aliorum theologorum de hac re judicium 213 s. 218. — infantes sunt subjectum quod pecc. orig. 294. —
actualia peccata habent 322 s. III, 473 s. — de fide infantum III, 158 ss.
479 s. — extraordinarie regenerantur 185. — fidem directam habent
eamque in actu secundo 158. — an fides eorum baptism. praecedat 155 ss.
479 ss. — de operatione Dei in eis 465. — baptismus infantum probatur
463 ss. — liberi infidelium in potestate Christianorum baptizandi sunt
465. — inf. fidelium baptismo privati extraord. gratia salvantur 465. —
invitis parentibus baptiz. non sunt 468 s. — de statura inf. in coelo II,
249. — an pecc. orig. causa adaequata damnationis inf. 218. — de infantibus supposititiis II, 114 s.

ibid. — Gogi et Magogi excidio ibid. — de signo filii hominis 258 s. — adventus *Christi* erit localis, visibilis, subitus 258. — judex erit Chr. 259. — Chr. erit visibilis audibilisque ibid. — *causa* impulsiv. intern. est justitia Dei et remuneratoria et vindicativa 259, externa et meritum Chr. et peccata 260. — norma Joh. 12, 48. 260. 263. — assessores et ministri — munus angelorum 260. — homines sancti erunt testes et comprobatores 261. objectum materiale omnes homines et mali angeli ibid. — objectum form. est partim fides partim incredulitas quatenus utraque ex operibus cognoscitur 261 s. — objectum formale cum causa impulsiv. extern. confundendum non est 262. — actus praeliminares ibid. — judicium discussionis ibid. — piorum peccata non recensenda 263. — retributionis jud. consistet in pronunciatione sententiae executione statim sequente ibid. — finis est gloria Dei 263. — descriptio 264. — jud. sequetur mundi consummatio 264 ss. — de coeli conflagratione 82.
Antitheses: judicium non futurum II, 251. — de Judaeor. conversione 258. — de Chr. ϑεανϑρ. judice 259. — de objecto materiali 261. — piorum peccata publicanda esse 263.

Jugum Christi III, 389.

Julianus (cardinal. saec. XV.), III, 133.

Junius, Franc. (prof. Lugdun., † 1602), ejus conversio I, 137. — I, 22. II, 4.

Jurisdictio episcopalis III, 716 s. 719. — jurisd. externa 717 s. — magistratus non habet jurisd. in eccl. 732, vid. magistratus Antith. Baieri 733. — consistoria primo sine jurisd. fuerunt 738.

Jus naturale I, 15 s.

Justificatio, locus III, 240—299. est artic. fidei fundam. primarius I, 53. 56. III, 245 s. — quanti momenti cognitio ejus sit I, 56. — varia Lutheri aliorumque de gravitate hujus loci dicta 56 s. III, 240—246. — significatio forensis 246. 247 s. — non est actus physicus 246. 282. — non omnia quae ad conversionem etiam ad justific. pertinent 279. — vocis differentia a voce regenerationis 179. — intra mentem Dei fit 247. — variae vocum הִצְדִּיק et δικαιοῦν significationes 246. 248. — reus, accusator, testis j. ibid. — doctrina j. ex solo evangelio patet 249. — de terminis a quo et ad quem 249 s. — justificatio non augetur, sed innovatur indies 252. — non per gradus acquiritur ibid. — descriptio processus j. 255. — *causa* eff. est Deus 256. — causae et media justificationis et salutis aedem sunt 281. — Christus sub tribus rationibus ad j. concurrit ibid. — causa impuls. int. est bonitas Dei 257 s., externa obedientia Christ. activa et passiva 258 s., causa media s. instrumentalis ex parte Dei verbum et sacram., ex parte hominis *fides* 260—265. 266. — Baierus fidem dicit causam minus princip. j. 265 (cf. I, 41. 200. III, 162. 559). — quomodo fides in j. in censum veniat 266—270. — non propter, sed per fidem justificamur ibid. 273 s. 266. — qua ratione j. sit objectum fidei 285. — ordine naturae regeneratio prior est justificatione 188. — j. est finis et effectus fidei 162. — *sola* fide justificamur 274 ss. — an „sola" salva fide ignorari possit I, 62. — de particulis exclusivis ibid. III, 281. — interpretatio Rom. 3, 28., defenditur 275 ss. — j. non pugnat cum renovatione 301. 276. 179. — fides sol. justif. tametsi numquam sit sola 277 s. 278 s. — fides gratiae divinae, merito Chr., evangelio non opponitur 278. 260 s. — Luc. 7, 47. 1 Joh. 3, 14. Rom. 10, 10. Ebr. 12, 14. 279 ss. — forma est *remissio peccatorum* 282 ss. — etiam peccata operibus bonis adhaerentia remittuntur 282. — pecc. tollitur, ut non obsit ibid. — imputatio justitiae Chr. et non-imputatio peccat. unus actus est 283. 284 s. — *subjectum* j. est homo peccator 285 s. 179. — Deus justificat impium 286. — finis ex parte hominis salus aet., ex parte Dei gloria 287 s. — *effecta:* pax conscientiae cum Deo 288 s.; adoptio in filios Dei 288. 293. 254; donatio Spiritus S. 288. 293 ss. renovatio 288. 295 ss. 276. 179; spes vitae aet. 288. 297 s. 254 s. — definitio j. 299. — vid. libertas christiana; fides.
Antitheses: de significatione vocis 248 s. 258. — de termino ad quem 253 s. — j. habere gradus (Hengstenberg) 254. — causam impuls. exter-

nam non esse meritum Chr. 259 s. — fidem ad modum qualitatis justificare 270. — ,,sola fide'' negatur 281 s. — de certitudine j. 292. — semel
justificatos Spiritum S. amittere non posse 591.

Justificatio objective considerata Deus omnes homines justificavit Christo
peccata omnium hominum imponens eumque e mortuis resuscitans III,
94 s. 134 s. 150. 271 ss. 286 s.

Justinus, Martyr († 166), voce ϑεολογίας utitur I, 1. — de assatione agni pasch.
III, 430. — de aqua baptism. 461. — *Naevi:* notitiam Dei naturalem
esse salvificam II, 10. — de angelis II, 107. 133. — ad Gen. 6, 2. 166.
— de statu animarum ante judic. extr. 236. — ejus chiliasmus 256.

Justitia, j. *originalis* s. concreata II, 152. 151. III, 251. — peccatum orig.
privationem ejus importat II, 283. — Evae j. orig. 158. — j. in *justificatione* non nobis inhaerens, etiamsi sit nostra III, 251. — infusa Romanorum 253. 258. — non essentialis j. Chr., sed obedientia ejus activa
et passiva nobis imputatur 251 s. 255. vid. imputatio. — ,,justitia *Dei*''
(Lutherus) 252 s. — justitia Dei II, 39 ss. — gratia justitiam non labefactat I, 18. 41. III, 12 ss. — justitia commutativa II, 41. — justitia
vindicativa est causa impulsiva interna damnationis II, 216, mortis 226,
resurrectionis impiorum 244, judicii impiorum 259, reprobationis III,
604. — justitia *remuneratoria* s. distributiva II, 244. — justitia operum
297. 306.

Kahnis, K. F. A. (prof. Lips., † 1888), theol. esse scientiam I, 35. — de inspiratione 102 s. — Trinitatem e V. T. probari non posse II, 48. — hor-
ribilis de S. S. Trinitate doctrina 53. III, 133. — de creatione II, 96.
— generationem Filii esse initium creationis 97. — imaginem non fuisse
donum naturale 155. — docet praeter coelum et infern. statum tertium
238 s. — corpus resuscitatum numero idem non fore 248. — ejus semi-
pelagianismus 301 s. III, 230. — divinam naturam finitam factam esse
in Christo 56. — ,,κένωσιν'' docet 81. — de descensu 92. — obedientiam
Chr. activam blasphemat 119 s. — 1 Cor. 15, 24. ss. pervertit 133. —
Spiritum S. vires tantum fidei, non fidem ipsam praestare 152. 182. —
regenerationem non Deum solum efficere 182. — laudat Erasmum 183.
— baptismum solum esse causam instrumentalem regenerationis 185.
— defectibilitatem regenerationis negat 190 s. — ,,der electrische Strahl
des Heiligen Geistes'' 191. — veram praesentiam corporis et s. Chr. in
coen. s. negat 519 s. — de fructu coen. s. errat 528. — doctrinam Apo-
logiae A. C. improbat ibid. — salutem hominis ex ipso homine pendere 556.
    De principio theologiae Calixti I, 87. — angelum Domini esse Filium
II, 105.

Καϑολικόν, quid sit III, 632.

Κανών I, 138. vid. norma.

Keckermannus, Barth. (prof. Heidelb. deinde Dantiscanus, † 1609), theolog.
esse prudentiam I, 33. — rationem principium theol. facit 83. — de
essentia Dei II, 13. — Trinitatem ex ratione probari posse 63. — distributio decalogi III, 346. — de praesentia corporis et. s. Chr. in coen.
s. 519.

Keil, J. K. F. (prof. Dorpat. et Lips., † 1888), II, 105.

Κένωσις neotericorum III, 56. 80 s.

Keplerus, Joh. († 1630), II, 86.

Kirchnerus, Tim. (prof. Heidelb. et superint. Vimar., † 1587), III, 582 s. 602.

Kliefoth, Th., I, 78 s.

Kniewel, Th. († 1859), II, 83.

Knoesius, Andr., I, 136. III, 147.

Koenigius, Georg. (prof. Altorf., † 1654), III, 526 s.

Koenigius, Joh. F. (prof. Rostoch., † 1664), II, 296. III, 204. 89. 603.

Koenig, Fr. Ed., III, 81.

Koeppen, D. J., II, 116.

Κοινοποιία, Κοινοποίησις III, 70.

$\varLambda\alpha\mu\beta\acute{\alpha}\nu\varepsilon\iota\nu$ III, 495.
Lange, J. P. († 1884), II, 83. III, 19.
Lansbergius, Phil. († 1632), II, 86.
Lapsus, Adami et Evae, post l. homo scintillas tantum habet notitiae Dei
I, 20. 26. — dist. inter rationem ante et post l. 83. — l. est causa extern.
mortis temporalis II, 221 s. — per l. notitia legis valde obliterata 270.
— ratio l. ad pecc. orig. 290. — l. humano generi justissime imputatur
291 s. — externum comedendi actum actus interni peccaminosi prae-
cesserunt 292. — homines l. *debitores* mortis facti sunt 304. — quare
Deus l. permiserit non est scrutandum III, 580. — l. angelorum vid.
angeli.
Latermannus, Joh. (prof. Regiomont., † 1662), ejus synergismus II, 301.
III, 252 s. (216). — theologi Argentorat. de eo ibid. — Deum praestare,
ut omnes se convertere possint 151. — de fide infantum 161. — homini
bonos motus ante conversionem tribuit 202. — de finali perseverantia
dubitandum esse 292. 601.
$\varLambda\alpha\tau\rho\varepsilon\acute{\iota}\alpha$, $\delta o\upsilon\lambda\varepsilon\acute{\iota}\alpha$, $\acute{\upsilon}\pi\varepsilon\rho\delta o\upsilon\lambda\varepsilon\acute{\iota}\alpha$ Pontific. III, 67.
Latro, ejus in cruce conversio III, 204. — novam obedientiam habuit 211. —
mors ejus non erat poena 278. — non baptizatus 167. 155.
Laud, Guil. (episc. Cantuar., † 1645), I, 87.
Lavater, Lud. (canonicus Zurich., † 1586), III, 490.
Lazarus et dives II, 115. 128. 185.
Lebean II, 83.
Legio II, 117.
Legislator, Christus non est novus l., vid. lex (Christus).
Leo Magnus I. (440—461) III, 54. 73. 78. 535.
Leonardus Nogaralus (monachus saec. XV.), III, 676.
Levi Ben Gerson (R., † 1307) III, 370.
Lex II, 268—272. III, 337—399. lex Dei quid sit II, 268. I, 13. 14 s. III,
342 s. — versatur circa ea quae per se turpia sunt ibid. — promulgata
in prima creatione 268 ss. — per lapsum notitia legis valde obliterata
tametsi vestigia manserint 270. — repetitio ejus in monte ibid. — praxis legis mor. etiam ante Mosen erat ibid. — l. obligat deficiente obse-
quio ad culpam et poenam III, 118. 395. 731. — perpessio poenae non
est impletio legis 118. — lex damnat incredulitatem 342 s. — quomodo
passio Chr. sit praedicatio legis 343. — praecipuus l. finis patefactio
peccati 367. — lex *naturae s. naturalis,* quare ita vocetur I, 15. II, 268.
— legibus naturae Deus seipsum non obstrinxit II, 43. 169. 176. — convenit cum lege Mosaica 270. III, 348. — in decalogo comprehensa 349.
— leges naturae cum legibus Dei eaedem sunt 731. — an mutabilis 373 s.
771. — lex nat. improprie accipitur de homine et bestia I, 15. — *usus* l.
in conversione III, 395. 217. in renovatione 397. — non est instrumentum renovationis (contra Baierum) 308 s. — justificationem non docet
349. terret 391. — securis praedicanda 387 s. 393 s. — usus politicus
395 s. paedagogicus 396 s. didacticus 398 s. — paedagogus ad Christum 217. 397. — per legem nemo salvari potest 378 ss. — impletio l.
nobis impossibilis 379 s. 380 s. 305. 328. — *justo* l. non est posita III,
326. — christiano l. praedicanda propter carnem 398. — christianus
liber a lege in quantum christianus 373. — *divisiones:* ceremonialis lex
quid sit 367 s. — qua ratione ad legem, qua ad evangelium pertineat
382. — Pontificii contendunt operibus leg. cerem. tantum ab apostolo
justificationem derogari 281. — mandata l. moralis, cerem., forens. 343.
368. — de Act. 15, 29. ibid. — finis legis cerem. 370. — forensis l. 372.
— lex for. et cerem. abrogata 372. non moralis 373 s. — leges positivae I, 15. — leges positivo-morales II, 271 s. III, 353. — *Christus*
$\check{\varepsilon}\nu\sigma\alpha\rho\kappa o\varsigma$ non legislator, sed legis doctor III, 104 ss. 374 ss. — praecepta
Christi non gravia 379. — Chr. nulla lex obligare potest 29. — expli-
catio l. a Chr. facta II, 271. — Chr. lex eadem cum lege Mosis III, 374 s.
— disting. inter obedientiam legis quam requirit Moses et quam Chr.
nobis praescribit 119. — Chr. impletio legis nostro loco praestita (obe-

dientia activa) 117 ss. nobis imputatur in justificatione ibid. 259. 284 s.
— Antitheses hac de re 119 s. — officia virtutis perfectiora philosophos
tradidisse quam Mosen III, 105. vid. decalogus; dilectio; conscientia; Agricola.
Lex et Evangelium, divisio l. et ev. 339 ss. — dicta de gravitate hujus rei
340 ss. — aliquando voces latius in Script. accipiuntur I, 174. III, 342.
— qua ratione conveniant 384 s., differant 385 ss. — de difficultate hujus
rei 386 s. — l. circa agenda, ev. circa dona versatur 388 s. — l. praedicanda securis, ev. contritis 387 s. 393 s. — l. terret, ev. solatur 391 s. —
in praxi conjunctissima esse debent, in conversione 395 ss., in renovatione 397 s. — ,,nulla mathematica conjunctio potest dari, quae esset
huic similis'' (Luth.) 395. — quinam discrimen l. et ev. invertant 390 s.
394 s.
Liber Concordiae de condemnationibus I, 59.
Libri Symbolici non sunt θεόπνευστοι I, 139 ss. — qua ratione norma sint ibid.
Liber de vocatione gentium III, 232.
Liber Vitae, inscriptio in eum III, 609—613. — quomodo se habeat ad praedestinationem 609. 611. — quomodo in Scriptura vocetur 609, quid sit
609 s. — an Christus dici possit l. v. 610. — an incriptio sit actus voluntatis div. ibid. — an actualis collatio vitae 611. — qua ratione duplex
ibid. — causae, objectum, finis 611 s. — aperiendus dicitur 613. — deletio e l. v. ibid. — inscriptionis infallibilitas et immutab. ibid.
Liberi, eorum officia 782. — l. donum Dei 780. — vid. infantes.
Libertas a nonnullis radicaliter in intellectu esse dicitur II, 297. — l. voluntatis hum. providentia Dei non tollitur 175 s. — l. angelorum 123. beatorum 188. — qualis l. post lapsum amissa non sit 297 s. — libertas Chr.
non infert potentiam peccandi III, 29. — l. contrarietatis s. specificat.
et contrad. s. exercitii II, (123). 302 s. — vid. indifferentia. — l. *christiana* III, 293. non amittenda est II, 314. — I. gradus: lib. a maledict.
legis et damnat. III, 293. II. gradus: l. a servitute peccati ibid. 199.
306. 327. III. gradus: l. a jugo leg. ceremon. 293. 372. IV. gradus:
l. ab onere traditionum hum. 293. 721. momentum hujus doctrinae I, 65.
Liberum arbitrium, post lapsum in spiritualibus nullum II, 296—302. III,
220. — ,,res est de solo titulo'' (Luth.) II, 297. — intellectus et voluntas in censum veniunt 296 s. — negandum hominem se *determinare* posse
297. — quaenam libertas per lapsum non sit amissa 297 s. — determinis-
mum non docent Lutherani 175 s. 297 s. — status controversiae 298. —
a praecepto ad posse N. V. C. 299. — quonam respectu homo dicatur se
convertere 299. — antitheses 300 ss. — infirmitas l. a. in naturalibus
303. — vid. actus paedagogici; conversio.
Libertini II, 222. 242. 251. 274. III, 331. 399.
Libri Scripturae, quinam sint I, 147 ss. — catalogus eorum non est articulus
fidei 68.
Liebner, K. Th. A. († 1871), III, 19. 81.
Limbus puerorum et patrum a Pontif. fictus II, 237. III, 97.
Lindanus, Guil. (theol. Roman., † 1588), III, 381.
Lineae consanguin. et affinit. vid. gradus.
Lingua, Thomasius de ea II, 150. — necessitas cognitionis linguarum I, 171 s.
— angelis est facultas loquendi II, 112 s. — an beati voce externa Deum
sint glorificaturi II, 197. — ,,cum ecclesia non solum reverenter sentire
sed etiam loqui'' II, 56. — caute loquendum de Trinitate II, 56. — pa-
tres aliquando securius locuti sunt III, 82. 540.
Lipsius, Justus (ICtus et philologus, † 1606), III, 655.
Litania, verba ejus ,,deinen Geist und Kraft zum Wort geben'' I, 155.
Livius, Titus (historicus, † 19), I, 14.
Lobechius, Dav. (prof. Rostoch., † 1603), III, 222.
Locus quid sit III, 64. — distinguendum inter esse locabile et in loco ibid.
Λόγος ὑποστατικός est Christus III, 23.
Loeberus, Christian (superint. gener. Altenburg., † 1747), II, 64.
Loescherus, Caspar (prof. Wittenb., † 1718), III, 74. 278. 738 s. 739. 539.

Loescherus, Val. Er. (prof. Wittenb., † 1749), I, 141. III, 758 s. 768 s.
Lombardus, Petr. (scholast., † 1160), dist. inter voluntatem signi et beneplaciti II, 38. — angelos coelum meruisse 124. — de angelis custodialibus 130. — quare Christus infirmitates personales non assumserit III, 29. — nestorianismum docet 38. 126. — de triduo mortis 88. — de descensu 82. — de discrimine legis et ev. 394. — primus septenarium sacramentorum determinavit 435. — infantes ante baptismum defunctos damnat 468.
Lorinus, Joh. (Jesuita, † 1634), I, 173.
Lubbertus, Sibrandus (prof. Franeck., † 1625), II, 201.
Lucanus, Marc. Annaeus (poeta roman., † 65), II, 240.
Lucianus (autor graecus, † saec. I. a. Chr.), II, 166.
Lucta non est signum incredulitatis III, 139, sed testimonium spiritualis vitae 164. 139. — l. habet rationem medii, non meriti I, 8. — vid. σαρκοπνευματομαχία.
Luetkemann, Joach. († 1655), III, 88. II, 92.
Lumen naturae I, 6. 15 s. 23 ss. 124. — l. gloriae II, 184. — l. gratiae et gloriae III, 580 s. 582. — quaenam de vita aeterna ex l. n. cognosci possint II, 181.
Luna 11, 86. 87.
Luthardt, Ch. E., quomodo e natura Deum esse probetur I, 27 s. — de necessitate incarnationis si homo non peccavisset III, 19. — antitheses: theologiam esse scientiam 35. 37. — fidem renati esse theologiae princ. 91. — de inspiratione 104. — Trinitatem e V. T. probari non posse II, 48. angelum Jehovah non esse Filium Dei 105. — de שֵׁאל 238. — ejus synergismus 302. III, 229 s. — reciprocationem in II. gen. comm. idiom. statuit 56. „κένωσιν“ docet 81. — de descensu 92. — fidem esse „obedientiam liberam“ III, 152. — Spiritum S. το posse credere praestare ibid. — de sacrificiis V. T. 371. — effectum sacramentorum et verbi non eundem esse 418. — sacram. V. T. organa gratiae non fuisse 420. — de fructu coenae s. 528. — praedestinationem non pertinere ad certas personas 542. — papam Rom. non esse magnum antichristum 683.
Lutherus, Martinus, de notitia legis naturalis I, 16. — de consensu *theol.* naturalis cum theol. revelata 22. — in articulis fidei nihil parvum 50 s. — de erroribus et haeresibus 63 s. — de origine animae 67. — Spiritum S. solum theologos facere 69. — sine Sp. S. Scripturam non intelligi 69 s. 74. — solum hominem renatum recte docere posse 70. — orationem, meditationem, tentationem theologum facere 72 ss. — credere verbo esse initium theologiae 75. — inspirationem totius Script. asserit 96 ss. — Scripturas nunquam errasse 97. 99. — ad 1 Cor. 7, 12. 13. 98. — quodvis verbum Script. plus valere quam coelum et terram et omnes obligare homines 99. — propheta quis 108 s. — puncta vocalia recens inventum 110. — ecclesiam non confirmare verbum Dei 141. — de perspicuitate Script. 166 s. — de claritate externa 167 s. 169. — laicis esse jus judicandi de doctrina 187 s. — de nominibus *Dei* II, 5 ss. — naturalem notitiam D. asserit 10. — de definitione D. 15. — de omnipotentia 22 s. — de quaestione quid D. ante tempus fecerit 262. — de praescientia 30. — de necessitate consequentiae et consequentis 31. — de voluntate signi et beneplaciti 39. — de vocibus „Dreifaltigkeit“ et „Person“ 57; ὁμοουσίου 58. — de mysterio Trinitatis 63 s. — de aeterna generatione Filii 67. — de nomine Spiritus *Sancti* 75. — de symbolo Athanasii 76. — vs. Hilarium et Augustinum *hexaemeron* negantes 78. — de modo creationis 82 s. — volucres ex aqua productas 87. — de excellentia generis humani 88. — de creatione hominis 90. — de trichotomia 91. — de costa Adami 93. — de particularum diacrit. significatione in opere creationis 95. — de traducianismo 100 s. — superbiam primum peccatum *angelorum* fuisse 133. — de differentia inter imaginem et similitudinem Gen. 1, 27. 144. — potentias animae et corpus non fuisse imaginem spec. acc. 149. — de hom. in creaturas dominio 156 s. — de sapientiae Hevae 158. — de omnipraesentia Dei in omnibus creaturis efficacis-

— haereticos vi coercendos non esse 736. — „Nothbischöfe" 737. — de consistoriis 739. — caesarem non esse defensorem fidei 740. — de clandestinis *sponsalibus* 747. 748. — de spons. de praesenti et de futuro 749 s. — „Es ist ebensowohl eine Ehe nach dem öffentlichen Verlöbniss" etc. 752. — de polygamia patriarcharum in V. T. 755. — de conjugio cum uxoris defunctae sorore 769. — de desertione malitiosa 775. — ad 1 Cor. 7, 11. ibid. — de servitute 784.

    Dicta Lutheri explicata, de nova terra II, 200. „nullum malum opus facere malum et damnatum hominem, sed solam incredulitatem" 217. „peccata in quantum talia non esse proximam causam damnationis", „quod christianus, etiamsi velit gravissimis etiam peccatis salutem perdere nequeat, nisi nolit credere" 218. — de consummatione saeculi 265. 266. — „justum in omni bono opere peccare" 309. „mere passive" III, 222. „panis est corpus" 499.

Lux spiritualis III, 199. 201. quid sit luce in aeternum non frui II, 204.
Lycurgus I, 31.
Lyranus s. de Lyra vid. Nicolaus.
Lyserus, Joh. (filius Polyc. Lyseri, † 1684), III, 756.
Lyserus, Polyc. (prof. Wittenb., † 1610), solos vere renatos in Spiritum S. peccare posse II, 328. — ad Joh. 10, 14. (γινώσκειν) III, 569. — fidem esse effectum praedestinationis 575. — de notione vocis *regni coelorum* Matth. 16, 19. 690. — ecclesiam potestatem clavium a Christo datam tenere eamque deferre posse 694. — ad Matth. 16. 18. Joh. 20. ibid.
Lyserus, Guil. (filius Polyc. Lyseri, prof. Wittenb., † 1649), III, 455.
Λύτρωσις III, 111.

Maccovius, Joh. (prof. Franecker. Calv., † 1644), III, 9. 11. 346.
Macedoniani II, 53. III, 441.
Magi, eorum conversio fuit extraordinaria III, 204.
Magica II, 114 s.
Magistratus Politicus, locus III, 724—745. — non est status in ecclesia (vs. Baierum) II, 126. III, 724. — ei non data est auctoritas in eccl. 725 s. 732 s. 730. 741. — de phrasi Art. Scmal. „praecipua membra ecclesiae" 725. (734). — m. ante peccatum nullus fuit 726. — abstractive et concretive consideratus a Deo est 726. — a Christo approbatus 728. — e parentum potestate manat 726 s. — Nimrod primus m. non fuit 727. — κτίσις ἀνθρωπίνη ibid. — ἐξουσίαι ὑπερέχουσαι 729. — committitur certis personis vel immediate vel mediate 728 s. — potestas constituendi sibi m. primitus penes populum fuit 729. — potestas et officium circa res civiles 730. 731. — in m. est exusia principalis 185, praescribit sc. leges positivas II, 272. III, 731. — ejus officium legislatorium, judiciarium, punitivum 732. — officia in ecclesia habet solummodo ut membrum eccl. 733. 735. — fuerunt principes tempore Lutheri „Nothbischöfe" 737. — olim cum consensu eccl. quaedam in ea administraverunt 738. — per transactionem Passaviensem ad m. cura ceremoniarum delata est 719. — de jure supplicii capitalis inferendi II, 147 s. III, 739. — de bello gerendo 739 ss. — fides vi armorum propaganda non est 740. — de correlato m., sc. subditis 741—743. — an tyrannis parendum sit 742 s. — dist. inter principes potestatis absolutae et potestatis limitatae 743. — an m. ab officio removeri possit 748. — finis m. 743 s. — quo sensu principes dicantur domini 744. — definitio m. abstractive et concretive acc. 744 s. — de monarchia, aristocratia, democratia 745. — *Antitheses :* m. esse in ecclesia II, 126. III, 724. — m. non esse Dei ordinationem 727 s. — esse statum christianis prohibitum 728. — habere officia circa sacra 725 s. 730. 732. 733. 735. — Baierus a potestate regum theocratiae V. T. ad potestatem m. in genere argumentatur 730. 734. 735. — concilia auctoritate publica convocanda esse 655. — m. esse custodem utriusque tabulae decalogi 703. (730.) — de bellis gerendis et supplicio capitali inferendo 740.
Majestas, communicatio maj., vid. communicatio idiomatum (II. genus).

9

Methodus tractandae theologiae I, 27. 77. — in disciplinarum tractatione non tam ad essendi quam ad cognoscendi principium respectus habendus est II, 3.

Μετοχὴ θείας δυνάμεως III, 53.

Metus aliquando causa peccati II, 317.

Meyer, Joh. F. v. († 1849), II, 83.

Meyer, H. A. W. († 1873), III, 92.

Michaelis, Joh. D. († 1791), I, 136.

Michelis II, 83.

Mieslerus, Joh. Nic. (prof. Giess., † 1683), III, 704. 705.

Militia spiritualis III, 614.

Ministerium ecclesiasticum, locus III, 683—724. — abstractive et concretive accipitur III, 685. — de necessitate m. eccl. 683 ss. 688 s. — non absolute necessarium I, 36. — ministri non sunt domini eccl. 686 s., non in statu, sed in officio peculiari ibid. (721.) — pastores non sunt sacerdotes propter officium 687. — in Scriptura nullibi dii vocantur II, 3. — vicem omnium credentium gerunt 687. 691 s. 693. — Christus θεάνθρ. m. eccl. instituit 687 ss. — est fructus passionis Christi 688 s. — constitutio pertinet ad officium Christi regium 689. 132. — vocatio immediata 689. — v. mediata 689 s. — potestas constituendi ministros in tota ecclesia residet 690 ss. — munus min. in perpetuum conferendum 696. — certis personis committitur 689. 694. 695. 696. — an min. ab officio removeri possint 743. — ministros constituere non pertinet ad officia magistratus 733. — etiam ecclesia corrupta verum minist. habere potest 698. 697. — importat ministerium potestatem publice docendi et sacram. administrandi (potest. ordinis) et remittendi s. retinendi peccata (potest. jurisdictionis) 703 ss. — potestas docendi omnem potestatem eccl. includit 705. — in m. exusia organica tantum est 185. — qua ratione causa instrumentalis regenerationis ibid. — an exul potestatem eccl. habeat 705. — officia in gradus distribui possunt 705 s., sed gradus non sunt jurisdictionis 706. — de septem officiis ibid. — de cura pauperum ibid. — quaenam ad officium docendi pertineant I, 186. III, 706 ss. — de administr. coenae s. 708. 715. — de potestate remittendi et retin. peccata 708—717. — de officiis circa res externas (jurisdict. externa) 717—721. — ministri non habent potestatem ferendi leges 720. (185.) — eorum operationes e Script. dependent I, 118. — an judices doctrinae 186 s. — eis nomen Dei non tribuitur II, 3. — eorum correlatum coetus audientium (finis cui) 721 s. — ministri per vocationem ad certam regionem destinati 722. — finis cujus 722. — potestas eorum ad effectus supernaturales producendos est organica 185. 723. — efficacia verbi non dependet e vocatione legitima ibid. — definitio 724.

    Antitheses: potestatem eccl. non esse apud totam ecclesiam 696. — de vocationis ad concionandum necessitate 704 s. — ministros peccata non remittere 712 s. — parendi gloriam populo relictam esse 735.

Miracula, de testimonio pro divinitate Script. a miraculis petito I, 127 s. — de miraculis haereticorum e. g. jesuitarum Japonensium II, 115. — miracula soli divinae nat. Christi tribuenda non sunt III, 84. — etiam ad officium Christi propheticum pertinent 106. — ubi miracula ibi ecclesiam esse Pontif. contendunt 655.

Misericordes doctores (tempore Augustini), II, 222.

Misericordia Dei III, 6. — non pugnat contra justitiam 283.

Missa, etymologia vocis III, 489. — Pontificiorum doctrina proponitur et refutatur 529 s.

Molinaeus s. du Monlin, Petr. († 1658), I, 116. III, 333. 546.

Monetorius, vid. Munzerus.

Monocratia III, 745.

Monophysitae, vid. Eutychiani.

Monotheletae (saec. VII.) III, 22. 34.

Montanistae, etiam Cataphryges et Pepuziani dicti (saec. II.) I, 90. II, 199. III, 460.

Morbi, causa eorum II, 115. — effectus peccati orig. 304. — in Script. aliquando mors dicuntur ibid. — dist. ab obsessione 139. — sunt causae
praeternaturales mortis 229. — Christus morbos varios et infirmitates
personales non assumsit III, 29. — vid. medicamenta.

Mors temporalis, locus II, 223—241. — primum novissimorum 224. — medium
εἰσαγογικόν salutis III, 337. II, 224. — privatio vitae naturalis II, 224,
quae ex dissolutione animae et corporis provenit ibid. — ἀνάλυσις dicitur ibid. — forma m. ibid. — dist. inter λύσιν et διάλυσιν ibid. — causae
dissolutionis animae et corp. 225, eaeque *morales*, diabolus, protoplasti
226. — Deus mortis causa non est nisi ut judex 226. — mors non ex
necessitate physica et conditione naturae ortum traxit 225. — c. impuls.
int. ex parte Satanae odium, ex parte Dei justitia vindic. 226. — c. externa est lapsus ibid. — causa moralis quoad exempla varia variat, sunt
vel morientes ipsi (e. g. αὐτόχειρες), vel homines alii, vel spiritus 227. —
causae *physicae* sunt vel naturales vel praeternaturales vel violentae
228 s. — subjectum quod omnes homines 230. — exceptio Henochi,
Eliae eorumque quos dies extremus vivos deprehendit ibid. — finis
ex parte Satanae et Dei 230. — per accidens ex gratia Dei m. credentibus non est poena, sed somnus, ἀπόλυσις etc. 230 s. — in morte anima
superstes manet 231. — an anima suis operationibus extra corpus funga-
tur 231. — an et quomodo *defuncti* sciant res in terra actas 232 s. — de-
functorum animae post mortem redire non possunt 232. — def. religiose
invocandi non sunt 233. — antithesis Pontif. 233. — falsae de statu
animarum opiniones 234 ss. — corpora exanimata terrae inferenda, non
in ignem immittenda 239 s. — de ritibus exequialibus ibid. — descriptio
mortis 240 s. — quare Deus vitam piorum et impiorum abrumpat vel
prolonget 177 ss. — hora et genus mortis non absolute necessarium
179 s. — dist. inter mortem qualis in et qualis per accidens est 227. 240.
— m. effectus peccati orig. est 304. — primo lapsus momento homines
debitores m. facti sunt 304. — unde factum sit, ut homines de arbore
comedentes morti obnoxii exsisterent ibid.

Mors Christi in genere III, 87 ss. — an Chr. in media morte manserit homo
formaliter III, 33. 88. — Chr. omnium loco mortuus 272. — an Chr. qua
homo ad vitam suam conservandam lege obligatus fuerit 110.

Mors secunda est damnatio aeterna II, 204. 225.

Mors spiritualis ad privationem justitiae originalis pertinet II, 283. — propter eam homo ad conversionem etc. producendo concurrere non potest
III, 151. 206. 218. 223. 225. 226 s. — est terminus a quo regenerationis
181. — resuscitatio spiritualis regenerationi respondet 178.

Mortui, vid. mors (defuncti); resurrectio. — eorum baptismus rejicitur III,
462. — bis demortui II, 236.

Μ ο ρ φ ή δούλου III, 78, θεοῦ 81 s. 83.

Mosanus, Theophil. vid. Scultetus.

Moscorovius, Hieronym. (eques Polanus, Socinian., † 1625), III, 187.

Moses, conscriptio librorum ejus I, 106 s. — scriptor omnium primus 126 s.
— apparitio in transfiguratione II, 232. — sepultura ibid. — Christus
Mosi similis III, 103. — Christus et M. legislatores sibi non opponun-
tur 376.

Moses, R., II, 13.

Motus boni, in conversione III, 202. vid. conversio.

Movius, Casp. (eccles. Cauensis., † 1639), I, 155. 161.

Muhammed, an sit antichristus III, 672 s. 674. — de ejus doctrina I, 130.

Muhammedani II, 107. 129. 199.

Mulieres, eis publice in ecclesia docere non licet II, 289. III, 704.

Muellerus, Hen. (past. et prof. Rostoch., † 1675), II, 173 ss. III, 48.

Mueller, Jul. († 1878), II, 149.

Mundus, ejus perennitas II, 99 s. — „terra nova" 266. — creatus in bonum
hominis viatoris 265. — an dicendum m. aliquando non fuisse 80. —
ejus consummatio. — vid. creatio; consummatio. — „mundus" sponsa
diaboli II, 313.

Munus, quid sit III, 102.
Munzer, Thom., s. Monetarius († 1525), I, 90. III, 155.
Musaeus, Joh. (prof. Jenens., † 1681), de subjecto operationis theol. nat.
I, 10. — agenda et credenda esse objectum mat. theol. 44 s. — de universalitate gratiae 56. — de justificatione 56 s. — de necessitate cognitionis esse vitam aeternam 58. — nullos articulos fidei negari salva
fide 61. — habitum theologiae nemini inesse absque fidei habitu 70 s.
— de apprehensione simplicium, judicio, discursu 133. — an unquam
statuerit esse barbarismos et soloecismos in Scr. s. 110 s. — an ecclesiae
testificatio necessaria ad testimonium intern. Spiritus S. percipiendum
137. — Scripturam semper in se efficacem esse 157. — inter instrumenta
activa et passiva dist. 159. — de claritate Scripturae 171. — probat
existentiam Dei ex natura II, 8. — Trinitatem e ratione probari non
posse 63. — de ratione peccati orig. et incredulitatis ad causam damnationis 217. — an peccatum orig. sit mera privatio 284. 287 s. — de
phrasi „Deum esse causam peccati per accidens" 310. — de vi signorum
universalium III, 140 s. — fiducia quid sit 142 s. — fidem cum spe con-
junctam esse 167. — de termino ad quem formali conversionis 195. —
de actibus paedagogicis 219. — causam conversionis esse unico ponos
Deum 227. — de „causa discretionis" in convers. ibid. — de modo operandi sacrament. 414. — baptismum non esse substantiam, sed actionem
456. — de corpore Chr. mystico 633. — duplici ratione eccl. falsam dici
641. — de etymologia vocis syncretismi 666. 669. — dissensum de externis non impedire unitatem eccl. 668 s. — quaenam ab eo facta sint
tempore colloquii Casselani 673. — quaenam ad officium docendi pertineant 707. — non omnem affinitatem matrimonium impedire 760. —
de Lev. 18, 18. 767. 768. — *Naevi:* elevationem verbi docet I, 159 s. —
ejus „in actu conversionis homo bonos motus habet" a Quenstedt. refutatur III, 202. — quomodo fides se habeat ad electionem 559. 561 ss.
cf. 565 s.
Musculus, Andr. (prof. et superint. Francofurtens., † 1581), aliquando docue-
rat bona opera necessaria non esse III, 331.
Musculus, Wolfg. (prof. reform. Bernens., † 1563), III, 346. 417. 508. 519.
Mutatio, dist. inter m. essentialem et accidentalem III, 499.
Mylius, Georg. (prof. Wittenb., † 1607), I, 19. 140. III, 222. 403.
Μυστήριον III, 434. — ad mysteria Dei pertinet quare Deus alios recipiat,
alios rejiciat 582.

Nabathaei II, 93.
נָבִיא III, 104. vid. propheta.
Naegelsbach, C. W. Ed., II, 116.
Natalis, Alex. (historic. papist. Gallic., † 1724), III, 130.
Nativitas, de nativ. seu ortu hominis II, 170 s. — nat. *Christi* ad exinanitionem pertinet III, 85 s., naturalis fuit partus ibid. — sine miraculis extraordinaria II, 86. vid. Maria.
Natura, s. *φύσις* est essentia suis proprietatibus vestita II, 59. — persona in
casu recto naturam denotat 61. (cf. 60.) III, 23. — *naturale* aliquid
dicitur constitutive, consecutive, subjective, perfective, transitive II,
153 s.
Naturae duae in Christo, vid. communicatio naturarum; comm. idiomatum;
exaltatio; exinanitio; unio; unitio. — majestas non aequali modo sese
habet ad utramque naturam III, 59. — *divina* nat. sua subsistentia propria carere non potest 24. — divinitatis propria nunquam fiunt idiomata
humanitatis 33. 59, nec desinunt esse propria divinit. 59. — de dicto
ἡσυχάζοντος τοῦ λόγου 71. 46. — secund. div. nat. Chr. est *ὁμοούσιος* Patri
III, 22. (II, 57.) — *humana* nat. substantia individua, non persona I,
60 s. — non habet subsistentiam propriam III, 24. — creatura est 22.
— non est *φάντασμα* neque sine anima 20 ss. — revera ex hominibus antea
existentibus 25. — ejus productio 26 s. — causa efficiens n. h. 27. materia 28. — nobis *ὁμοούσιος* secundum speciem 22. 28 s. — infirmitatibus

Novatiani III, 237. 637.
Novissima (eschatologia) quaenam dicantur II, 223 s. — organa salutis late s. d. appellantur III, 337. II, 224.
Novum Testamentum Graece consignatum est I, 143 ss. — quinam sint libri canonici et deuterocanonici N. T. 149 ss. vox N. T. accipitur systematice, chronologice vel foederaliter III, 383 s. — quare coena sacra Nov. Test. appelletur III, 489. — de discrimine inter V. T. et N. T. vid. V. T.
Nubes tempore adventus Chr. ad judicium II, 259.
Numerus numerans et numeratus, formalis et materialis I, 56.

Obduratio, vid. induratio.
Obedientia Christi activa et passiva III, 118 ss. — passiva dicitur obedientia ἐν πλάτει 118. — passiva et activa nobis imputatur in justificatione 251 s. 259. — ob. *nova* non est pars poenitentiae stricte s. d. 210 s. — cumprimis intelligitur esse interius bonum propositum 211. — ,,si divitias Zachaei non habes‘‘ etc. ibid. — est fructus conversionis 236. — non ex contritione nascitur ibid. — spontaneo fit spiritu 327. — vid. renovatio; opera bona.
Objectum materiale et formale I, 8. 23. 25 s. 68. — in theologia aliud adaequatum, aliud proximum, aliud princeps 43. — in theol. quoad rem coincidunt principium cognoscendi et objectum formale 79 s.
Oblatae in coenae s. celebratione III, 500.
Obscuritas Scripturae, vid. Scriptura S. (perspicuitas).
Obsessio spiritualis et corporalis II, 136 ss. — quare Deus permittat Satanae homines obsidere 139.
Obstetrices Aegyptiacae II, 172.
Occam s. Ocham, Guil. (scholast., † 1347), II, 12.
Ochinus, Bernh. († 1565), III, 755.
Oecolampadius, Joh. (prof. Basil., † 1531), corpus significare corporis signum III, 519. — a Luthero refutatur 512 ss. 516.
Officium Christi mediatorium III, 100—133. — ad utramque Chr. naturam pertinet 70 ss. 103. 123 ss. 106. — nomina officii 75. 101. — est triplex 102 s. — off. propheticum 103 ss., sacerdotale 107 ss., regium 128. — vid. proph.; sacerd.; reg.; imputatio. — beati gaudium habebunt de, in, cum Christo, post, per, propter Christum II, 190.
Officia magistratus; ministrorum, vid. magistratus; ministerium.
Οἰκονομία vocatur consideratio hum. nat. Chr. I, 5. III, 23.
Olearius, Joh. († 1684), de I. genere communicationis idiom. III, 51. — de dicto ἡσυχαζ. τοῦ λόγ. 71. — quid sit regeneratio 180. — hominem gratiae resistere posse 231. — fidem ad salutem relatam non esse opus nostrum s. conditionem proprie s. d. 268. 389. — imputationem justitiae Chr. et non-imputationem peccatorum unum esse actum 285. — de renovatione 312. — de mediis salutis 338. — promissiones evangelii non esse conditionatas 389. — nihil in homine esse causam electionis 554 s. — non omnes homines esse electos 578 s. — de conversione successiva 187. 203. 205.
Olevianus, Caspar (prof. Herborn., † 1587), III, 259.
Omnipotentia Dei, vid. potentia. — omnipot. naturae hum. Chr. communicata III, 58 ss.
Omnipraesentia Dei, vid. Deus (attributa). — omnipr. *Christo* sec. hum. nat. communicata III, 60 ss. — est modificata sec. Form. Conc. 60. — dist. inter. κτῆσιν et χρῆσιν omnipr. 61. — praesentia Chr. in regno potentiae, gratiae, gloriae 61 s. — non est in spatiis imaginariis 61. — ἀδιαστασίαν Chr. etiam in statu exinanitionis retinuit 62. — ,,alles durch und durch voll Chr.‘‘ sec. hum. nat. (Luther) 63. — Chemnitius de omnipr. Chr. sec. h. n. 63. — an Chr. sec. h. n. in locis foedis 63 s. (II, 23.) — objectiones destruuntur 64 s. — omnipr. non a Fabro excogitata 65. — exaltatio omnipr. *modificatae* fundamentum adaequatum 90. — antitheses 65.

Omniscientia Dei, vid. Deus (attributa). — omnisc. Chr. sec. hum. nat. communicata III, 56 ss. — in humanitate actus primus et secundus agnoscendus est 57. — quomodo crevisse scientia (non omniscientia) dicitur 57. — Chr. se abdicavit usu omnisc. 82. 57. antitheses 57 s.

'Ο μ ο ο ύ σ ι ο ς II, 56 s. III, 22. — Lutherus et Calvinus de hoc vocabulo II, 58. — consequentia 'ομοουσίας 74.

Ontologica demonstratio esse Deum I, 27. 28.

Opera ad intra et extra Trinitatis II, 64 s. — op. ad intra inaequalitatem personarum non important ibid. — op. ad extra non similia sed eadem sunt tribus personis 75. — sunt indivisa 74. — conceptio nat. hum. Chr. op. ad extra III, 27; opus mixtum II, 65.

Opera bona III, 315—336. — quomodo se habeant ad renovationem 315. — omissiones actuum prohibitorum, cogitationes etc. sunt o. b. 315. 211. — sunt renatorum tantum I, 18. III, 151 s. 189. 315 ss. 323. — norma directrix est lex div. 318 ss. 309. 397 s., non evangelium, nec ratio humana, nec consilia evangelica, nec traditiones 318 ss. — bona intentio non reddit opera b. 318 s. 421 s. — o. b. non tantum bona esse, sed et bene fieri debent 324. 322. — munera omnia officii renatorum sunt o. b. (Luther) 319 s. — *causa* efficiens eadem est quae renovationis 325, non liberum arbitrium renovatorum 326. — forma o. b. in se conformitas cum lege; quatenus imperfecta sunt, fides 326. — corpus est organum II, 191. — *affectiones:* sponte fiunt 317. 326. 330; sed indifferentia in renato non reperitur 317. — sunt imperfecta 236 s. 304. (314.) 312. 327 s., tamen Deo placent 326. — „justum in omni b. o. peccare" II, 309. — o. b. sunt necessaria III, 328 ss. — Form. Conc. dist. inter necessitatem coactionis et n. ordinis 330. (331.) — non necessaria sunt ad salutem consequendam neque ad fidem conservandam 331 ss. — de dignitate o. b. (Luth.) 329 s. — *praemia* in hac vita et post hanc vitam promissa sunt I, 13. III, 334 ss. — an intuitu praemiorum o. b. praestanda sint 327. — quare eis promissio remissionis peccat. annectatur 295 ss. — quare meritum apud Deum non habeant I, 11 ss. III, 335. — *Varia:* de operum justitia III, 297. — fides et incredulitas, quatenus utraque ex operibus cognoscitur, objectum formale judicii extr. II, 262. — ex omni operatione perfecta voluptatem oriri Aristoteles dicit II, 189. — opera non sunt causa praedestinationis III, 552 ss. — *antitheses:* bona opera justificare meritorie III, 281. — falsa norma o. b. ponitur 321. (105.) — cum finis sit licitus, etiam media esse licita 322. — non-renatos o. b. praestare posse 325. — o. b. omnibus numeris perfecta 328. — ad salutem necessaria 333 s. — necessitas eorum negatur 331. — meritoria vitae aet. 336. — legem non docere o. b. 399.

Opera creationis II, 79—87. vid. creatio.

Opera non-renatorum III, 322 ss. — dist. inter opera externe mala et bona 323. — „splendida peccata" (August.) 324. — haereticorum opera 325. — externam disciplinam in non-renatis Deus temporalibus praemiis remuneratur 336. 359. — antithesis eorum, qui dicunt non-renatos praestare posse o. b. 325.

Opposita, dist. inter privative et contrarie o. III, 200. — duo opp. simul stare nequeunt II, 225. — opp. ad eandem facultatem referri solent III, 133. — sunt sub eodem genere 247.

Opus operatum, Carpzovius dicit baptismum per modum operis oper. operari III, 157.

Optatus (episc. Milevitanus saec. IV.) III, 725. 676.

'Ο ρ ά μ α τ α II, 137.

Oratio matutina et vespertina, de verbis „dein heiliger Engel sei mit mir" II, 127.

Ordinatio, quo sensu sacramentis annumeretur III, 435. — quid sit ord. 699 s. — an sit necessaria ibid. — Pontific. et Calvin. hac de re errores ibid. — character indelibilis ordinatione non imprimitur 696. — ord. Lutheri in papatu 698. — nostrorum de ord. pap. sententiae 700. — de examinibus ordinandorum 701. 702. — de ordinatore ibid. — ordinandus non

est nisi vocatus 702. — ubi vocatio desiit, ibi ordinationis virtus expi-
rat 705.

Ordo divinarum personarum II, 71 ss. — angelorum 118. — sanctorum in
judicio extr. 261.

Organa gratiae et salutis, verbum est org. efficax I, 153—161. idque necessarium III, 418 s., etiam verbum lectum III, 339. 685, versiones I, 120. —
sacrificia in V. T. org. gr. erant III, 108 s. 370 s., nec non sacramenta
V. T. 426. 432. — de sacramentis in genere 400. 414 ss., de baptismo
470 ss., de coena s. 525.; de absolutione 263. 711. — Oratio non est m.
gr. 337, neque *actus* auditus verbi et poenitentia ibid. — non physice,
sed moraliter operantur I, 154. — org. gr. et dativa et effectiva I, 42.
III, 261. 337. 473. — sunt causa instrum. fidei 154 ss. 217. — conservant
fidem 314. 399. — ad justificationem concurrunt 260—265. 266. — prae-
stantissima Lutheri dicta 261 ss. 338. — verbum cum sigillis Augustinus
tabulas matrimoniales ecclesiae vocat 647. — de concursu Dei gratioso
cum verbo 547 ss. — de usu externo org. gr. 209 s. 219, non est meritum
210. — quare dispensatio inter aequales tam inaequalis sit 584 s. vid.
gratia (II.); repugnantia. — eorum efficacia non e persona administr.
pendet 407. 637. 692. 723. — novissima organa salutis late s. d. vocantur 337. II, 224. 243. — antitheses Zwinglii aliorumque 339, eorum qui
dist. inter verbum Dei internum et externum I, 160. vid. verbum. —
sacramenta gratiam non dare 417. 476. 527 s. — efficaciam pendere e
ministrante 407. 723. — verbum et sacram. sunt notae ecclesiae. vid.
ecclesia; Scriptura Sacra (efficacia).

Organica potestas exusiae principali contradistincta III, 185.

Organum, fides est organum apprehensivum, vid. fides.

Origenes († c. 254) per traditionem didicit quattuor esse evangelia I, 144. —
contentio de libris ejus inter Chrysostomum et Epiphan. III, 645. —
errores: ad Joh. 14, 28. II, 72. — hexaemeron negat 78. — animas omnes primo die creatas esse 102. — de angelis 106. 107. 129. 133. 142. —
de beatitudine aeterna 199. 201. — de damnatione 204. — an aeternitatem damnationis negaverit 221. — de statu animarum ante judicium
extr. 236. — non eandem carnem resurrecturam 248. — de consummatione mundi 266. — Christum angelos lapsos redemisse III, 122. — de
universali vocatione 546. — de bellis gerendis 740.

Origeniani II, 146. 221. III, 91 s.

Orthodoxa ecclesia III, 632.

Osiander, Andreas († 1552), errores: I, 160. II, 146. III, 19. 126. 254.

Osiander, Joh. Adam. (prof. Tubing., † 1697), de scientia Dei II, 28. 29. — de
praescientia 30. — an anima cum corpore ex limo creata sit 91. — de
trichotomia 91. — de modo edendi angelorum II, 109. — de conscientia erronea 269. — quomodo Christus in Adamo fuerit 294 s. — de dicto
„hominem se convertere" 299. — de dilectione Dei III, 13. — de ana-
martesia Chr. 29. — cur tria gen. comm. idiom. 45. — quomodo et
quando Chr. doctus sit ad officium propheticum 104. — sacrificium Chr.
semel peractum 109 s. — ad Joh. 18, 36. 129 s. — de fide directa 148.
— fidem esse donum Dei 150 s. — hominem in conversione non coope-
rari 205 s. 226 s. — contritionem praecise spectatam non esse partem
poenitentiae salutaris 214. — hominem esse mortuum in initio et progressu conversionis 223. 225. 226 s. — non-resistentiam esse beneficium
gratiae praevenientis 232. — de forensi vocis „justificare" significatione
246. — refutat errorem de gratia infusa 258. — fides non justificat, ut
est obedientia et sub praecepto 269 s., neque formata 270. — ad 2 Cor.
5, 14. 272. — ad Rom. 4, 5. 286. — de fine renovationis 312. — renovationem non conservare fidem 314. — auditus verbi, poenitentia, preca-
tio quomodo se habeant ad gratiam accipiendam 337. — praedestina-
tum non habere ex se, quo distinguatur a reprobo 555. — de notis ecclesiae 653. 654. — etiam papam modernum esse antichristum verum 682.
— de monarchia, aristocratia, democratia 745. — *Naevi:* de damnatorum peccatis II, 209. — electos reprobari posse III, 591.

Osiander, Lucas (superint. Adelbergensis, † 1604), II, 25. III, 569. 574 s.
Osiander, Lucas, fil. (prof. Tubing., † 1638), errores: III, 19. 126.
Ostorodus, Christoph (concion. Racoviens. Socin., † 1611), I, 83. II, 9. III, 12 s. 496. 652.
Ὅτι, particula ratiocinativa III, 279.
Οὐσία a scriptoribus non una significatione adhibetur II, 60, vid. essentia.
Ovidius, P. Naso († 17), I, 31. 32.

Paedobaptismus, vid. infantes.
Panis eucharisticus, de ejus fractione III, 495 s. distributione 495. — antitheses 500. — adoratio ejus Pontif. 506.
Panormitanus s. Nicolaus Tudiscus (episc. Panormitanus, cardin., † 1445) III, 677.
Πανπλήρωσις Christi III, 62.
Pantheismus I, 28. II, 97 s.
Παντοκράτωρ Deus II, 42,
Papa Romanus, vid. Pontifex.
Papatus mere enthusiasmus III, 155, in eo verum ministerium 697, sed dist. inter ecclesiam et curiam Rom. 647. — vid. Pontificii.
Paphnutius (episc. initio saec. IV.) III, 693.
Papias (episc. Hierapolit., † medio saec. II.) I, 165. II, 253. 256.
Papocaesaria III, 696. 746.
Paracelsus, Theophr. (medicus, fanat., † 1541), I, 90. 160. II, 116.
Paradisus II, 159. 199.
Parentes, de amore p. III, 368. 356. — eorum officia 782. — consensus p. ad conjugia requiritur 747. — ex potestate p. magistratus manat 727. — V. T. jus necis habuerunt 727.
Pareus, Dav. (prof. Heidelbergens. reform., † 1622), II, 124. 201. III, 122. 333. 374. 393. 496.
Parsimonius s. Georg Karg (superint. Ansbach., † 1576), activam Christi obedientiam negaverat*) III, 119.
Partes essentiales sunt, quae essentiam rei intrinsece constituunt per unionem essentialem; p. integrantes s. integrales, quae integritatem rei complent per unionem quantitativam II, 117. — pars inferior mentis appetitus sensitivus, superior intellectus et voluntas. — vid. anima. — pars potior non semper dicitur, quae numero major est III, 641.
Participatio alienorum peccatorum II, 321 s.
Particulae diacriticae respectu personarum Trinitatis II, 71 s. 95 s. — p. exclusiva in doctrina de justificat. III, 274 ss. 332. 277, non excludit gratiam Dei, meritum Chr., verbum 278. — in doctrina de Christo 49.
Pascha III, 427—433. — nomen (פֶּסַח) 427 s. 433. — non est sacrificium proprie s. d. 427, contr. Pontific. et quosdam nostrat. 430. — ejus causa effic., impuls., ministerialis 428 s. — in templo celebrandum 429. — de agno paschali et antitypo 429 ss. — de assatione agni 430 s. — de aspersione sanguinis 431. — an habuerit materiam coelest. ibid. — forma est verbum institutionis ibid. — de fine cui et fructu 432. — pascha significat Christi abitum ad Patrem 433. — de interpretatione Zwinglii Exod. 12, 11. ibid. — definitio ibid.
Pascha (fest. resurrectionis), contentio de tempore celebrando p. III, 644 s.
Passaviensis tractatio (1552) III, 719.
Passiones seu affectus aliquando causa peccati II, 316 s. — sunt suppositorum II, 62. III, 47.
Passio Christi, qua ratione passus sit Filius Dei III, 46 ss. — sponte passus est 46. 110. — ἡσυχάζ. τοῦ λόγου 78. — de infinito valore 46. — peccata nostra fuerunt causa meritoria 114. — quomodo Deus Chr. in cruce deseruerit 86 s. — dolores infernales Chr. sustinuit 87. — quatenus ad evangelium, quatenus ad legem pertineat 392. — recordatio ejus fit in coena s. 523. — vid. obedientia Chr.

---

*) Anno 1570 revocavit errorem. cf. Unschuld. Nachr. 1719, p. 769.

spiritualibus 296—302; infirmitas lib. arb. in naturalibus 303; peccata actualia specie et numero multa ibid., ira Dei, morbi, mors 304 s. — est causa sufficiens damnationis 305. 217 s. — an sit causa adaequata damn. 217 s. (III, 606.) — inhaerit nobis per omnem vitam II, 305. — propagabilitas 306 s. — quomodo anima malum contrahat ibid. — descriptio 307 s. — in aliis regnat, in aliis non regnat 308. — *Antitheses:* pecc. orig. plane negatur 282. — pecc. orig. esse substantiam hominis 288 s. — non esse peccatum 275. — lapsum Adami imputari non posse 291 ss. — infantes et Mariam non esse subject. quod 294. — in baptismo plane tolli 306. III, 473. 475. — de effectu sc. defectu liberi arbitr. II, 300 ss.

Peccata actualia II, 308—329. — vox „actuale" etiam omissiones II, 308. 309. et internos motus complectitur 316. — materiale et formale pecc. act. 309. — quaedam per se, quaedam κατ' ἄλλο peccata ibid. — causa effic. homo peccans ibid. — aliae causae II, 311—319. sc. diabolus 011 ss.; homines, aliquando etiam pii 313 ss. (vid. scandalum); res mundi 315; connata hominis perversitas ibid; ignorantia 315 s.; passiones seu affectus 316 s.; habitualis malitia 317; peccata praecedentia 319. — de tentatione 317 ss. — subjectum quod homo qui peccat 319. — subj. quo facultates animae ibid. — effectus: habitus peccandi et reatus culpae et poena 319 s. — de scandalo 313 s. — an infantes actualiter peccent 322 s. — Varia *genera* pecc.: connata et acquisita 278; voluntarium 275. 320 ss. et involuntarium 217; proaeretica 217. 320; contra conscientiam III, 616 s. eamque rectam, erroneam, probabilem, dubiam II, 321. — de alienis pecc., quibus participamus 321 s. III, 715. 716. — pecc. ignorantiae II, 322; infirmitatis 322. III, 616; commissionis et omissionis 278. 323; in Deum, in proximum, in se ipsum 323 s. — „carnalia, spiritualia" 324. — p. cordis, oris, operis ibid., inchoata et consummata, interna et externa ibid. mortalia 325 s. — per quaenam fides amittatur 326. III, 172. — venialia II, 325 s. — renatorum pecc. 325 s. III, 302. 304. 312. — justus in omni bono opere peccat II, 309. — p. clamantia, non clamantia 325. 326. remissibilia 325. 327. — irremissibile 325. 326. — p. regnantia 308. 312, habitualia III, 199.

Peccatum in Spiritum S. II, 327 ss. — de momento hujus dogmatis I, 65. — peccatum ad mortem 1 Joh. 5, 16. — Quenstedtius aliique solis renatis p. in Sp. S. tribuunt, aliter Baier., Meisnerus etc. sentiunt 327 s. — non idem ac finalis impoenitentia 328. — irremissibilitas 325. 329. — an peccatoribus in Spiritum S. terminus gratiae constitutus sit III, 238. — antitheses 329.

Pelagius (monachus Britannus saec. V.) et *Pelagiani*, de origine animae II, 102. — necessitatem concursus Dei negant 169. — de imagine divina 150. 151. — de peccato originis 275. 282. — Deum aliena peccata non imputare 291. — de libero arbitrio 300. III, 228. — Deum non esse causam efficientem conversionis 216. — non-renatos bona opera praestare posse 325. — homines in V. T. sine evangelio justificatos esse 384. — de praedestinatione 533.

Pelargus, Christ. (Calvin., † 1633), II, 201.

Pepuziani, vid. Montanistae.

Perfectio Dei II, 44 s. — p. Scripturae I, 161 ss.

Perfecti, quo sensu renati dicantur p. III, 304 s.

Perkinsius, Guil. (prof. Cantabrigiensis, † 1602), III, 122.

Peripatetici s. Aristotelici III, 43.

Περιχώρησις III, 33. 36.

Perseverantia, de necessitate pers. III, 174. — fideles de ea certi esse possunt 596. 599 ss.

Persona, s. ὑπόστασις, a scriptoribus eccl. non una significatione usurpatur II, 60. — contentio inter Latinos et Graecos de voce p. 57. 60. — suppositum et p. quomodo differant 59. 60. — p. non partem aut qualitatem in alio, sed quod proprie subsistit significat ibid. — prolixiores vocis p. definitiones 60 s. — aliter de Deo atque in vulgari consuetudine usur-

Poenitentia, ex theologia naturali non est vera p. I, 18. — Deo ανϑρωποπαϑῶς tribuitur II, 20. — angelis lapsis non concessa 134. — quomodo se habeat ad conversionem intransit. III, 210. 240. — de vocibus μεταμέλεσϑαι, μετανοεῖν ibid. — partes poenit. contritio et fides 210 ss. — errores de hac re 211 s. — falsa inter p. legalem et evangelicam distinctio 215. — fides est quasi anima p. 214 s. — vera poenitentia nunquam est sera, etsi sera raro sit vera 238 s. — de poenitentia *quotidiana* sive stantium 234 s. 398 s. 306. — necessaria est 431. — Hieronymus p. appellat secundam post naufragium tabulam 483. vid. contritio.

Polanus, Amandus (prof. Basileens., † 1610), II, 13. III, 9. 508. 519.

Polycarpus (episc. Smyrnens. saec. II.) III, 642.

Polygamia, simultanea illicita est III, 754 s., successiva licita 776. — de polygamia simult. patrum V. T. 755. — quinam doceant polygam. simult. esse licitam 755 s. — an Lev. 18, 18. de polyg. simult. agatur 767 ss.

Pontifex Romanus, jure neque divino III, 624 ss., neque humano caput ecclesiae (contra auctarium Melanchtonis) 626. — Pontificii eum dicunt vicarium Christi 626; infallibilem 1, 81. 185. — ,,alter Deus in terris" 626. — eum solum habere auctoritatem convocandorum conciliorum 657 s. — esse Christum 676. — ad eum verba ,,Data mihi est omnis potestas" pertinere 677. — in prohibitis gradibus conjugii dispensare posse 765. — Non est ecclesia 628, neque vicarius Christi 631, sed antichristus 675. 678, ostentans se ipsum esse Deum 676 s. 679. — etiam papa modernus est antichristus magnus 682 s. — ei claves datae non sunt 694 s. 692. vid. antichristus, Pontificii.

    Clemens VIII. (1592—1605) prohibet lectionem Scripturae I, 117.

    Coelestinus I. (422—432) ,,legem orandi esse legem credendi et agendi" II, 233.

    Eugenius IV. (1431—1447) septem esse sacramenta III, 436.

    Gregorius II. (715—731) de administratione baptismi 442.

    Gregorius Magnus vid. Gr. M.

    Innocentius III. (1179—1180) vocat se ipsum sponsum ecclesiae 677.

    Innocentius VIII. (1484—1492) loco panis et vini in eucharistia aliud elementum usurpari posse 500.

    Johannes XXIII. (1410—1419) negat immortalitatem et resurrectionem II, 242.

    Julius I. (337—352) de schismate inter eum et episc. orientalem III, 663.

    Julius II. (1503—1513) de auctoritate papae 659.

    Leo Magnus vid. L. M.

    Nicolaus I. (858—867) de administratione baptismi (vs. Gregorium II.) 442.

    Paulus V. (1605—1621) ostentans se ipsum esse Deum 677.

    Pius IV. (1560—1565) prohibet lectionem Scripturae I, 117.

    Pius V. (1566—1572) de invocatione sanctorum II, 233.

    Pius IX. (1846—1878) decretum de immaculata conceptione II, 294. de infallibilitate papae I, 81. 185.

    Stephanus I. (254—257), tempore ejus schisma inter ecclesiam Romanam et Africanam III, 663.

    Stephanus II. (752—757) baptism. vino administratum probat 444.

    Zacharias (741—752), de formula baptismi 460.

Pontificii, religionem esse statum hominum ad perfectionem per tria vota tendentium I, 14. — infallibilitatem pontificis esse principium theol. 81 s. — e ratione humana articulos fidei probari posse 82. — consensum ecclesiae (traditiones) esse principium theol. 87. 107. 143. 166. — traditiones multis partibus superare Scripturas 164. — eorum enthusiasmus 90. — non omnia in Script. esse inspirata 100. — apostolos etc. non ex mandato Dei scripsisse 100 s. — in Script. memoriae lapsus, errores etc. inveniri 101. — Scr. non esse necessariam 107, a laicis non legendam 116 s. — discrimen inter proto- et deuterocanonicos libros tollunt 151 ss. — perfectionem Script. negant 162 s. — Scr. esse obscuram 175. — rejiciunt versiones et lectionem earum 176 s. — a laicis de doctrina judicandum non esse 188 s. ,,si papa . . . innumerabiles populos catervatim secum ducat . . . culpas istic redarguere praesumat mortalium nullus'' 189. — nomen Jehovah etiam angelis tribuunt II, 7. — Deum in V. T. nunquam apparuisse 105. — angelos meritum habere 124. — de angelis tutelaribus 130. — dist. inter λατρείαν et δουλείαν 131 s. — eorum angelolatria 132. — de imagine 148. 150 s. 151. 154. — in puris naturalibus hominem conditum esse 151. — pueriles cogitationes de coelo : de limbo infantum etc. 199. 237. — infantes gentilium plane damnant 215. — de invocatione sanctorum 233 s. (131 s.) — sanctos faciunt redemptores etc. ibid. — de statu animarum ante judicium·extremum 236. — de Christo judice 259. — peccata piorum in judicio publicanda esse 263. — Deum causam peccati faciunt oblique 274. — τὸ voluntarium esse de ratione peccati 275. — Mariam ab omni originalis culpae labe immunem 294. — eorum pelagianismus 300. III, 216. 218. — peccatum orig. in baptismo tolli 306. — derogant infantibus omne peccatum actuale 323. — nonnulla peccata sua natura venalia 325 s. — de peccato in Spiritum S. 329. — *gratiam* Dei esse otiosam complacentiam III, 11. — unionem naturarum et personalem in *Christo* unionem oblique negant 34. — Chr. secundum hum. nat. olim tantum in terra fuisse, nunc tantum in coelo esse 38. — negant communicationem naturarum 38; propositiones personales 41; comm. idiomatum 50, majestatis 56, omniscientiae nat. hum. Chr. 58, omnipotentiae 59, omnipraesentiae 65. 295. — hum. nat. ὑπερδουλείαν tribuunt 67. — non distinguunt inter ταπείνωσιν et κένωσιν 77. — de nativitate Chr. 86, passione 87, descensu 92, ascensione 97, dextra Dei 100. — de sanguine Chr. in terra relicto 95. — de officio prophetico 106, regio 133. — de sacrificio Christi 109. 259. — de satisfactione 116. — Christum sibi aliquid meruisse 120. — Pontif. *fides* ,,carbonaria'' 138. — fidem non esse fiduciam 145. — de objecto fidei 149. — infantes fidem non habere 160. — fidei formam esse caritatem 170. — fidem per modum qualitatis justificare 270. — fideles adulteri 173. — sine verbo fidem operari posse 339. — meritum de congruo et de condigno 210. — de poenitentia 211, attritione 213, irresistibilitate gratiae 233. — justitiam Chr. non imputari, sed propter justitiam infusam hominem justificari 253. 258. 263. — de justitia infusa 248 s. — meritum Chr. non profuisse antequam esset 257. — vs. ,,sola fide'' 281 s. — dubitandum esse de remissione peccatorum 289 ss. — unionem mysticam labefactant 295. — ἐθελοθρησκεία eorum 321. — non omnia *opera* non-renatorum esse peccata 325. — bon. op. in hac vita perfecta esse posse 305. 328. — b. o. necessaria ad salutem 333; imo meritoria 336. — perfectam impletionem legis vires hominis non excedere 380. — de sacrificiis ante Mosen 370. — promissiones evangelicas conditionatas esse 390 s. — evangelium esse concionem poenitentiae 392. — de discrimine legis et evang. 394. — ad *sacramentorum* efficaciam intentionem ministrorum requiri 407. — sacram. V. T. organa gratiae non fuisse 417. — sacram. sigilla non esse ibid. — pascha fuisse sacrificium 430. — septem sacram. in N. T. esse 435 s. — de baptismo Johannis 438. — de consecratione aquae baptism. 461. — mortuos, naves, clocas baptizant 462. — de paedobaptismo 465. — de necessitate baptismi 468. — in baptismo peccata omnia radicitus tolli 473. 475. — b. ex opere operato regenerare 476; characterem indelibilem imprimere 476. — lapsis post baptismum baptism. nihil prodesse 476. — de transubstantiatione 499, pane eucharistico 500, adoratione panis 506, communione sub una specie 522. — de fructu coenae s. 527. — veram eucharistiam non habent 642. — causam *praedestinationis* opera esse 555 s. — decretum praed. absolutum esse 558. — certitudinem salutis negant 595 s. 597 s. 599. 601. — coetum vere credentium non esse *ecclesiam* 620. — pontificem Rom. esse caput ecclesiae 626. — eccl. esse visibilem 651. — eccl. in fide errare non posse 652. — de notis eccl. 655. — pontificem habere auctoritatem conciliorum convocandorum 657 s. — de

antichristo 682. — potestatem eccles. soli statui ecclesiastico esse 696.
— de ministrorum eccl. charactere indelebili 696. 699. — de ordinatione
699 s. —·de episcoporum successione 671 s. — efficaciam verbi pendere
e ministrante 723. — haereticos capitali supplicio afficiendos esse 736.
— de conjugio 746. 748. — de prohibitis conjugii gradibus 765. — de
coelibatu 777.

    Singulorum Pontificiorum errores: notitiam Dei naturalem suffi-
cientem esse II, 10. — Patrem esse majorem Filio 73. — de coelo nu-
gantur 82. — angelos habere corpora 107. — diabolum miracula vera
efficere 116. — de 1 Sam. 28, 18. ibid. — angelos a Chr. redemptos 124.
— praescientiam div. libertatem voluntatis tollere 176. — gentiles sine
fide salvari 201. — Deum mundum momento creasse 79. — chiliasmum
docent 256; conversionem Judaeorum ante judicium 258. — Deum esse
causam peccati 274. — ,,satisfactiones Christi superfluae'' III, 121. —
Chr. non pro omnibus satisfecisse 123. — de intercessione 128. — in
nomine Mariae baptizant 460. — vs. vocationem universalem 546. —
hominem ipsum non esse causam reprobationis 607.

Porphyrius (neoplatonic., † c. 303) 11, 106. 111, 43.
Positivo-morales leges nullae II, 271 s. III, 353 s. — omnes leges divinas
esse positivas nonnulli docent II, 275. — positivae leges magistratus
272. III, 731.
Potentia Dei (omnipotentia) II, 41 ss. — Deus παντοκράτωρ 42. — non facit
quae contradictionem implicant e. g. peccata 42 ss. III, 13. — pot.
ordinata et absoluta 43 s. III, 12 s. — ·Deus seipsum naturae legibus
non obstrinxit II, 43 s. 169. — an omnipotentia Deus reprobos salvare
posset III, 13. 584. — potentia angelica II, 113 s. — potentia obedien-
tialis passiva III, 222.
Potestas ordinis et jurisdictionis ministerii III, 307 ss. an discrimen sit inter
potestatem ordinis et potestatem ecclesiasticam 703. — de potestate
ordinis δογματικῇ et διατακτικῇ ibid. — Christus potestatem jurisdictionis
ecclesiae tribuit verbo ,,Dic ecclesiae'' 656. 691. 614. — potestas regiminis toti coetui eccl. data est 717. vid. claves; jurisdictio.
Ποῦ damnatorum s. inferni II, 219. III, 91. beatorum s. coeli II, 81. III,
96. angelorum II, 117.
Praeadamitae II, 93. I, 175 s.
Praecepta X vid. decalogus. — praeceptum I. III, 345 ss. — omnis haeresis
contra praec. I. 261 s. — fides quatenus active se habet sub pr. I. est 269.
— ad praec. I. pertinet abnegatio sui et toleratio crucis 376. — praecepta negativa includunt contraria affirmativa 346. — praecepta specie
totum genus praecipitur 356. — dist. inter speciem et circumstantias
praecepti 318. — praec. Christi vid. lex (Christus).
Praedestinatiani s. Praedestinatorii III, 9. 533. 607.
Praedestinatio, locus III, 531—602. — ignorari potest salva fide I, 62. —
suo loco praedicanda 531 ss.; quomodo 595. — quomodo in epistola
ad Romanos tractetur 595. — quidnam ad salutarem usum hujus loci
requiratur 542 s. — usus consolatorius 590. 592 ss. — in tempore facit
Deus, quod ab aeterno decrevit 531. 535. — praedestinatio ad vitam
tantum est 535. — non est oppositum reprobationis 550. 602 s. — a praedestinationis causa ad reprobationis causam N. V. C. 16. — de voce
προορισμοῦ 535. 537; ἐκλογῆς 536. — de synonymis variis 536. — πρόγνωσις et προγιγνώσκειν non meram praescientiam important 568 s. — quomodo
praed. ab electione differat 536. 577. 578. — vox praed. in ecclesia sumitur vel late vel stricte 537. 539 s. — stricte tantum accipitur in Scr. 539.
578. in Libro Concordiae 539 s. 537 ss. 587. — praed. *causa* efficiens
est Deus trinunus 551 s. impuls. int. bonitas Dei 552 s. — in nobis
non est causa pr. 552 ss. (vid. conversio). — causa impuls. extern.
meritum Christi 557. — definitiones Baieri 601 s.; Kirchneri 602. —
genus est actus aeternus, non nudum decretum ibid. — finis est fides,
justificatio, sanctificatio, salus 571—576.

    quomodo fides se habeat ad praedest.: Baierus et Musaeus docent f.
esse causam impulsiv. minus principal. 559—564. 568. 602. 550. — Deum

intuitu fidei praedestinasse I, 59. 62. II, 35. III, 563. — Thomasius et
Frankius improbant ,,intuitu fidei" 570, item Wittenbergenses 566,
Augustinus verba ,,Deum elegisse quem sibi crediturum esse scivisset"
retractavit 575. (vid. intuitu.) — Selneccerus, Huelsemannus et al. docent f. non esse causam praedest. 564 s. 554 s. — Calovii verba contra
Musaeum 565 s. — electio ipsa non apprehenditur fide 567. 576. — Hol-
lazius docet fidem esse causam *cur* Deus justificet etc. 568. — *electionem ad fidem* Wittenbergenses (anno 1596) docent 566, Formula Concordiae 538. 571 ss., Lutherus 573 s., Rhegius, Chemnitz, Lyserus 574 ss.
— Baierus dicit, Deum juxta decretum suum electos fide donare 614.
    objectum sunt omnes finaliter credentes 570 s. (de praedestinatione
angelorum II, 123 ss. Christi III, 570.) — decretum electionis est *particu-
lare* 539 s. 577 ss., quo sensu omnes lectores epistolarum Script. electi
dicantur 579. — electi sunt pauci 592. — de *mysterio* et variis quaestionibus e. g. quare Deus fidem non omnibus donet, peccatum permittat etc.
580 ss. 605. — impervestigabilia praedestinationis beati cognoscent 17. —
praed. *ab aeterno* facta 590. 592. — est *immutabilis,* electi certo salvantur 585 ss. 592. — an decretum electionis absolutum sit 586. 589. —
electi semper manent electi quamvis lapsi 588 s. — de *certitudine* et
cognitione praed. 592—601. (cf. 289—292.) Lutheri verba: ,,Si autem
. . . tum certissime praedestinatus es" 593. — ,,ex vulneribus Christi
fulget praed." 594. — non ex ratione cognosci potest 594 s. 596. —
Rom. 8, 38. 39. ab omni fideli dici potest 595 s. 598. — an certitudinem
perseverantiae electi habere possint 596. — praesumtio et certitudo
absoluta statuenda non est 597. — veteres, si praedestinationem cognosci posse negant, cognitionem a priori intelligunt ibid. — Phil. 2, 12.
nos de salute nostra dubitare non jubet 597 s. 600. — Brochmandus
de electionis et perseverantiae certitudine 599 ss. — vid. liber vitae;
decreta.
    Antitheses: praed. praedicandam non esse III, 553. — esse praed.
ad mortem 9 s. 535. 607. — in Libro Concordiae vocem praed. late sumi
537. 539. — non esse decretum de certis personis 541 s. — ab aeterno
factam non esse 541. — falsa Baieri definitio 550. 602. — causam praed.
etiam in homine inveniri 555 s. — meritum Christi causis excludendum
558 s. — decretum esse absolutum 540. — de objecto praed. 570 s. —
decretum creationis in signo rationis divin. posterius esse decreto electionis 571. 577. — electionem esse universalem 579. — electos reprobari
posse 591. — fidem amittere non posse ibid. — dubitandum esse de salute 596. 597. 597 s. 601.

Praedicabilia, quinque III, 42. — ens praedicamentale II, 288.
Praedicationes, vid. propositiones.
Praemia operum III, 334 ss. — vid. opera bona.
Praeputium, quare Deus hoc materiale circumcisionis destinaverit III, 423.
Praescientia Dei II, 29 ss. — non rerum contingentiam tollit 31. — non est
    causa mali 571 s. — qua ratione ab electione differat ibid.
Praxeani (monarchiani saec. II.) II, 49. 53.
Preces, Christi III, 123. 124. — pro quonam in individuo preces intermitten-
    dae sint, non facile cognoscitur II, 328.
Presbyter et episcopus non differunt jure divino III, 701. — duo fuere genera
    in eccl. apostolica 714.
Presbyteriani III, 9 s. 174. 233. 544.
Primasius (episc. Adrumet., c. 550), II, 129.
Primitias tantum habemus III, 289.
Principia, s. κοιναὶ ἔννοιαι, speculativa et practica I, 21, necesse est in princi-
    pio convenire 184, principium, quo quis nititur potius, quam persona,
    attendendum III, 660, pr. rationis formalia s. organica et materialia s.
    philosophica stricte s. d. I, 180. 181 s. 83. — pr. generalia s. transcen-
    dentia et specialia s. particularia 84. — pr. incomplexum et complexum
    80 [cf. ,,Lehre u. Wehre" XIII, 97 s.] — pr. cognoscendi et objectum
    formale in theologia quoad rem coincidunt licet ratione differant 79. 43 s.

— principium quod et quo 83. — causa pro pr. aliquando catachrestice usurpatur II, 72. — non omne pr. est causa 68. — pr. individuationis 92.

Principium cognoscendi theologiae naturalis lumen naturae et rationis I, 5 s. 20 s. 22. — theol. revelatae revelatio divina 45. 43. 79. 80. — pro hodierno statu eccl. Scriptura Sacra 44. 79 ss. — quod scriptum fuit quovis tempore, principium cognoscendi completum exhibuit 80 s. 163. — pontificiorum pr. reapse est unicum, sc. papa 81. — papa non est principium 81, nec ratio humana 82 ss., sive irregenita sive regenita dicatur 85, nec consensus ecclesiae vel patrum 85 ss., nec revelationes privatae nec conscientia christiana 88 ss. — etiam illa, quae per necessariam consequentiam ex Scriptura deducuntur, principium sunt 81. (vid. consequentiae.) — doctrina diversis modis in S. continetur 163. — quod non est revelatum, non est theologicum 44. — nulla pars doctrinae proponenda, quae non ex Script. desumta est III, 707. — ,,οὐδὲν ἄτερ γραφῶν'' I, 165. — an Scriptura sit principium, quando de Scriptura ipsa controversiae moventur II, 184 — textus primigenius principium 138. — Libri Symbolici non principium, sed principiatum 100. vid. infra. — principia salutis III, 3. — duo principia Manichaei ponunt II, 311. — an Pater principium Filii dicendus II, 68. 72.

Antitheses: Pontificiorum 81. — declaratio infallibilitatis papae ibid. — rationem esse principium 82 s. 85. — consensum eccl. et traditiones esse princip. 87. 166. 143. — visiones et revelationes privatas 90. — pr. neotericorum 91 s.

Priscillianistae (gnostici, sectatores Priscilliani, † 385) II, 133.

Privative, quo modo distinguitur a negative III, 467.

Problemata theologica I, 67 s. — vid. quaestiones.

Processio Spiritus S., hujus articuli notitia non simpliciter necessaria ad salutem I, 63. — spiratio est actio ad intra II, 68 s. 75. — differt a generatione 69 s. — quid sit nasci, quid processus, me nescire sum professus 70.

Procopius Gazaeus (sophista Byzantin. saec. VI.) II, 79.

Prodianitae s. Prodiciani (gnostici saec. II.), II, 251.

Professio doctrinae duplex III, 630 s.

Πρόγνωσις non differt a praedestinatione realiter III, 568 s. — Baierus προγν. dicit actum solius intellectus II, 161. III, 568.

Promissiones evangelicae conditionatae non sunt III, 389 ss.

Πρόνοια II, 161, vid. providentia.

Προορισμός III, 535. 537. 539.

Propheta]interpres Dei apud homines III, 104. — prophetae scriptores, non auctores Scripturae sunt I, 108 s. — ἀξιόπιστοι 127. — quomodo Deus eos docuerit III, 104. — prophetae Novi Test. 623. — quid sit prophetia 1 Thess. 5, 19. 20. I, 89 s. — prophetae typi Christi III, 107.

Prophetae novi (saec. XVII.) III, 393.

Propheticum officium Christi III, 103—107: Chr. propheta omnibus excellentior 103 s. 107. — collatio cum Mose 104. — quomodo et quando Chr. ad hoc officium doctus sit 104. — Christus legis doctor, vid. lex. — docuit ,,tanquam auctoritatem habens'' 106. — spatio triennii viva voce docuit ibid. — qua ratione off. proph. ad utramque naturam pertineat ibid. — in statu exaltationis docet 106 s. — nunc officium proph. cum regno gratiae coincidit 107. — etiam in V. T. propheta fuit Filius ibid. — an per eum protevangelium promulgatum sit ibid. — constitutio ministrorum ad off. regium pertinet 132. 689.

Propositiones s. praedicationes. *personales* (e. g. Deus est homo) III, 38 ss. — fundamentum eorum unio personalis 40. — sine exemplo in natura 39. — an dici possint accidentales ibid. — non sunt tropicae 41. — disparata in iis praedicantur 39. — non dici potest humanitas est deitas etc. 39 s., nec ,,homo factus est Deus'' 40. — an dici possit: Chr. est Deus secundum humanitatem 41 s. — non dicendum est ,,Filius Dei creatus'' 42. — ,,Christus est homo'' suo modo praedic. person. est 42 ss.

11

— praedic. *idiomaticae*, nomen 40. — sunt reales 49. — praed. idiom. ad I. genus pertinentes 45 ss. — sunt reciprocae 46. — an liceat dicere deitatem partem esse personae 48. — ,,deitas passa est carne" 49. 69. — praed. abstractivae 49. — formales e. g. ,,Chr. est natus", ,,Filius hominis est passus" 50 ss.—dici non potest ,,humana natura est aeterna" 54. 69 s., sed ,,hum. nat. habet omnipotentiam aeternam" ibid. — praedicat. ad II. gen. pertinentes 68. — ,,Chr. qua homo est omnipotens" 69.

Propositum Dei III, 536. 539. 568. — prop. interius bonum opus bonum 211. — propositum pie vivendi ex fide nascitur III, 236.

Proprium seu *ἰδίωμα*, vulgo quadruplex constituitur III, 43.

Πρόςϰαιροι, eorum fides III, 164. 171. 195. — non sunt electi 540 s. 588 s. — an in librum vitae scripti 613. — suo tempore membra ecclesiae 617. — eis gratia satis efficax donatur 549.

Proselyti justitiae et portae III, 425. — eorum jus ad pascha 429.

Prosper Aquitanicus (adversarius Semipelagianorum saec. V.) III, 535.

Προςϑήϰη μεγάλη III, 53.

Πρόϑεσις III, 568. II, 161. vid. propositum.

Πρῶτον δεϰτιϰόν idem est quod subjectum quo primarium II, 276. 295.

Protevangelium, an per Christum promulgatum III, 107.

Protoplasti, an subjectum quod peccati orig. II, 294. vid. Adam; Eva; lapsus.

Providentia Dei II, 160—180: prov. permagnum argumentum bonitatis div. 160. — significatio vocis ibid. — usu loquendi idem est quod consulere saluti creaturarum 161. — est actus intellectus et voluntatis ibid. — ex Scriptura probatur; etiam ex natura constat 162. — causa virtualiter causans S. S. Trinitas 162. — causa impulsiva bonitas Dei 164. — objectum sunt omnes etiam minutissimae creaturae, praesertim homines, maxime omnium fideles 164 s. 170. — Deo manum suam subtrahente in nihil creaturae redeunt 164 s. 167. — Deus rerum abjectarum providentia non contaminatur 165. — non contradicit quieti divin. 166. — ad totam vitam hominum sese extendit 167. — actus conservationis et gubernationis ibid. — concursus Dei cum causis secundis 168 ss., vid concursus. — libertatem voluntatis hominis non tollit 175 s. — Deus sese attemperat causis secundis ibid. — prov. quomodo se habeat ad terminum vitae humanae 177 ss. — finis proximus utilitas hominum, ultimus gloria Dei 180. definitio ibid.

   Antitheses: labefactatur provid. 163 s. 166. concursus Dei cum causis secundis 169 s. — providentiam libertatem voluntatis hominis tollere 176 s.

Psychopannychia I, 66. II, 234 s. 236.

Puccius, Franc. Filidinus († c. 1600), II, 201.

Pufendorf, Sam. († 1694), III, 135.

Pugna contra satanam, mundum, carnem III, 614. — p. carnis adv. spiritum vid. *σαρϰοπνευματομαχία*.

Purgatorium nullum est II, 204. 237. — quinam p. doceant 237 s. — an ab Augustino doceatur I, 86.

Puritani in Anglia III, 132. 638. 689. 705.

Quakeri (sectatores Georg. Fox, † 1691) I, 90. 161. II, 256. III, 705. 728.

Quenstedtius, Joh. Andr. (prof. Wittenb., † 1688), de voce *theologiae* I, 4. — de th. archetypa 4 s. — de necessitate th. 36. — an pietas sit finis th. 39. — an omnia, quae in Scriptura leguntur, articulis fidei annumeranda sint 46. — de forma articulorum fid. 46 s. — de articulis puris et mixtis 48. — quemlibet articulum ex sua sede propria judicandum esse 49. — fidem esse unam copulativam 50. — fundamentum fidei triplicem esse 51. — enumeratio articul. fid. fundam. 53. — an nonnulli articuli fid. ignorari et negari possint 60 s. 65. — de momento doctrinae de antichristo 66. — librorum canonicorum catalogum non esse articul. fid. 68. — qua ratione theol. sit habitus *ϑεόςδοτος* 72. — definitio theol. 75 s. — *Scripturam s.* esse principium cognoscendi theol. 80. — ante Mosen revelationem viva voce factam fuisse princip. 80 s. — quae per consequentiam legitimam deducantur, etiam princip. esse 81. — de Romanorum antithesi ratione princip. ibid. — rationem humanam non esse princip. 82. — varia de rationis in theol. usu 83 ss. — de contradictione explicita et implicita 84. — ad Rom. 12, 1. ibid. — consensum ecclesiae non esse princip. 85 ss. — de auctoritate Libr. Symbol. 88. — contra enthusiasmum 88 s. — ad 2 Tim. 3, 16. 93. 108. — ad 1 Cor. 2, 13. 93. 98 s. — dist. inter revelationem et inspirationem 94, inter inspir. et assistentiam et directionem 95, inter infallibilitatem et divinitatem 96. — Scripturam omnis erroris expertem esse 96. — an apostoli errare possint 97. — dist. inter dicta hominum relata et Spiritus Sancti 97 s. — industriam propriam scriptorum contra inspirationem non pugnare 98. — circumstantias, modum, ordinem scribendi inspirata esse 98. — verba Scr. s. inspirata 98 s. — occasionem scribendi a Deo subministratam 99. — de necessitate conscriptionis Scripturae 107. — solum Deum Scr. auctorem esse 108. — Spiritum sese accommodasse ad scriptorum genus loquendi 112. — an irregenitus Scripturam percipere possit 114. — de lectione Script. 115 s — de usu argumentorum externorum ἀξιοπιστίας Script. 121. — 1 Joh. 5, 6. 135. — dist. inter circulum et regressum 136. — auctoritatem Script. ex ecclesiae testimonio non dependere 141. neque efficaciam 142. — quomodo Augustinus fidem suam testimonio ecclesiae ascribat ibid. — de vi Script. extra usum 154. 157. — de Rathmanni et Movii errore 155. — an verbum Dei sit creatura 156. — dist. inter verbum Dei materialiter et formaliter consideratum 156. — quomodo efficacia verbi impediatur 158. — verbum non tam instrumentum quam medium esse 160. — de perfectione Script. 162. — res in Script. diversis modis contineri 163. — varia de traditionibus 164. — quare difficiliora in Script. inveniantur 168 s. — de claritate Scr. s. 172. 175. — ad 2 Pet. 3, 16. et 1 Cor. 13, 12. 173 s. — de rationis in theol. usu 182. — quo respectu Script. sit judex 184.

De notitia Dei naturali II, 3. — ad Exod. 4, 16. ibid. — sacerdotes nullibi in Script. deos vocari ibid. — de nominibus Dei 5. 8. — essentiam, attributa etc. analogice de Deo praedicari 11. — essentiam D. ab attributis nostro modo tantum concipiendi distingui 12 s. — dist. inter attributa immanentia et operativa 16. — de unitate 17. — quid sit compositio 17. — compositionem ex genere et differentia in D. non cadere 18. — de immutabilitate 19. — quomodo differat immensitas ab omnipraesentia 22, sapientia a scientia 32. — de voluntate abscondita et revelata 39. — D. factum infectum facere non posse 42. — ex V. T. Trinitatem probat 47 s. — enumerat hostes deitatis Christi 52. — de unitate in trinitate 55 s. — de voce οὐσίας et φύσεως 59. — quid sit persona concretive et abstractive considerata 60. — de generatione Filii 67. 68. — an spiratio activa proprietas Filii sit 71. — ex discrimine personarum oriri earum ordinem 71. — de relatione personarum inter se 72 s. — de consequentibus ὁμοουσίας 74. — de nomine Spiritus 75. — quid significet creatio ex nihilo 77. — mundum non in momento creatum esse 79. — an mundus aliquando non fuerit 80. — de coelo empyreo 81. de trichotomia 91 s. — an corpus animae instrumentum sit 92. — Adamum primum omnium hominem fuisse dat dogma 93. — de costa Adami 93. — ex libertate voluntatis Deum creavisse 96. — creationem tribus absolvi gradibus 98. — de propagatione animae 101. — de angelo increato 104. — de unione παραστατικῇ ibid. — de apparitionibus angeli increati ibid. — angelos incorporeos πρὸς ἡμᾶς, corporeos respectu Dei 107. — ad 1 Sam. 28, 19. 111. — Dan. 2, 10. 112. — de potentia angelorum 114. — de infantibus supposititiis 114 s. — de habitaculo et motu angelorum 117. — de eorum ordinibus 118. — de statu purorum naturalium angelorum 119. — angelos malos lapsu et qualitate 121. — ad Job. 4, 18. 124. — de beatitudine essentiali et materiali angelorum 126. — de custodiali angelo 127. — de cultu angelorum 131 s. — superbiam primum peccatum ang. fuisse 133. — ad Joh. 8, 44. 133. — quo ordine peccarint angeli 133. — de obsessione 136 ss. 138. 139. — de cruciatu infernali 142. — de *imagine* 145 s. — de sapientia Adami 150. — ex conditione materiae inclinationem ad malum non consequi 152. — quo respectu imago dicatur donum naturale et haereditarium 153 s. — de immortalitate et impassibilitate corporis in statu integritatis 156. — de Evae sapientia et dominio in creaturas 158. — Deum non inquinari rerum abjectarum *providentia* 165. — dist. inter quietem et activitatem humanam et divinam 166. — de concursu divin. cum causis secundis 168. — de providentia circa malum 172. — de permissione peccati 173. providentiam non tollere libertatem voluntatis 176. — de corporum *beatorum* illocalitate 192. — invisibilitate et claritate 194 s. — an beati oculis essentiam divin. visuri sint 196. — enumeratio sententiarum de igne infernali 209 ss. — de gentilium infantibus 213. — de πoῦ inferni 220. — de forma mortis 224. — defunctos religiose invocandos non esse 233. — contra universalem conversionem Judaeorum 268. — omnia *peccata* sua natura mortalia 217. — ad Joh. 3, 18. 36. 218. — Adamum caput morale et naturale generis humani 290. — de objectis liberi arbitrii 298. — a praecepto ad posse N. V. C. 298 s. — de libertate contrarietatis et contradictionis 302 s. — quid *actuale* peccatum significet 316. — solis vere renatis peccatum in Spiritum S. tribuit 328 — dv pooonto Fr. Opierae Ibid.

Partium theol. ordo III, 3. — principem causam salutis esse misericordiam Dei 4. — ad Rom. 5, 5. 5 s. — de voluntate Dei antecedente et ordinata 10. — de necessitate satisfactionis 12 s. 113 s. — ad Col. 1, 15. et Hebr. 2, 10. 19. — qua ratione *Christus* Patri et nobis ὁμοούσιος 22. — incarnationem non labefactare divinitatem 23 s. — de una Chr. subsistentia 24 s. — de generatione aeterna et temporali 25. — Chr. esse ὑφιστάμενον σύνθετον II, 18. — de unione naturarum III, 32. 33; comparatio Chr. cum unione animae et corporis 34. 36. — disparata de Chr. praedicari 39. — non dicendum hominem esse factum Deum 40. — quid significet proprium s. idioma in h. loco 44. — communicationem idiom. esse commun. κατὰ συνθίασιν 44. — dist. inter ἐνεργητικά et ἀνενέργητα idiomata communicata 54 s. — ,,omnia, quaedam, nulla“ idiomata communicata esse ibid. — omniscientiam 57, vim vivificandi 59 s., omnipraesentiam communicatam 60 s. — qua ratione Chr. creverit sapientia 57. — cultum div. Christo sec. human. naturam tribuendum 66. — de subjecto quod et quo exinanitionis 77. — quid sit μορφὴ δούλου καὶ θεοῦ 81. — de objecto exinanit. 82. — de conceptione Chr. 84 s. — de nativitate 85 s. — Chr. sustinuisse dolores infernales 87. — tempore mortis verum hominem fuisse 87. 88. — quid sit exaltatio 89. — de descensu 91. — de subjecto quod et quo resurrectionis 93. — de ascensione 97. — Chr. non ab aeterno ad dextram sedere 99. — de officio Chr. mediatorio 103. — de fine legali et evangelico sacrificiorum V. T. 108 s. 370. — injustum non fuisse, quod Chr. pro nobis mactatus sit 110. — notio vocis redemptionis — de redemptione Chr. 111 s. — ad 2 Cor. 5, 18. ss. 113. — de redemptione, reconcilatione, satisfactione 113 s. 116. — Deum sine satisfactione peccata condonare non potuisse 116. — de obedientia Chr. activa 118. — satisfecisse Chr. pro omnibus 121. — num una guttula sanguinis Chr. sufficiens 121. — de intercessione Chr. 127. — ad 1 Cor. 15, 24. 131. — assensum esse partem *fidei* 158. — de meriti Chr. apprehensione theoretica et practica 146. — de partium fidei inter se ratione 146 s. — fidem per modum organi justificare 148 s. — an fides opus hominis sit 151. — de subjecto quod et quo fidei 158. — fidem esse in intellectu et voluntate 161. — de fidei fine et effectu immediato et mediato 162. — de Spiritus S. testimonio in cordibus 166. — de forma *regenerationis et conversionis* 178. — de regeneratione extraordinaria 185. — de conversione late et stricte accepta 192. — regenerationem esse reiterabilem 189. — de synonymis conversionis 193. — quid vox poenitentiae significet 210 s. — sua natura contritionem non esse salutarem 214. — Musaei opinio hominem in conversione motus bonos habere refutatur 202. — de conversione extraordinaria 204. — error de probitate ante conversionem praerequisita refu-

Ramo, Petr. (prof. Parisiens. † 1572), I, 33. III, 518.
Rathmannus, Herm. († 1628), I, 154 ss. 159. 160 s.
Ratio humana Scripturam non intelligit I, 124 s. 74. — principium theologiae non est 82 ss. neque, quae dicitur regenita 85. — quinam rationem principium theol. faciant 82 s. — ,,nihil est credendum, quod ratione comprehendi nequit‘‘ (Zwingl.) ibid. — ,,quid magis contra fidem est, quam credere nolle, quicquid ratione attingere non potest‘‘ (Bernhard) III, 139. — principia organica rationis in theologia adhibenda sunt II, 83 s. 180—183. — dist. inter rationem ante et post lapsum 83. — articuli fidei reapse supra rationem, per accidens contra rationem 84 s. 182. — non secundum rat. de omnipraesentia Dei judicandum est 42 s. — ad probandum Christum esse verum hominem ratio ut principium necessaria non est 182. — ratio cognoscere non potest Trinitatem II, 26; creationem ex nihilo 80. 97 s.; existentiam angelorum 105; evangelium 285; incarnationem III, 27; remissionem peccatorum 249; electionem 594 s. 596. — quidnam ratione cognosci possit de peccato orig. II, 281 s., de resurrectione 241. — luce spirituali caret 284 s. — infantes fidem habent, etsi ratiocinari non possunt III, 159. — ,,ratio atrocissimus Dei hostis‘‘ 288. — pax Dei ὑπερέχουσα πάντα νοῦν 288 s.
Rationalistae II, 149. III, 254.
Ravanellus, Petr. (saec. XVII), II, 124.
Ravenspergerus, Herm. († 1625), I, 33.
Reatus culpae et poenae consequens peccati II, 277 s. 319. — nonnulli reatum formale peccati vocant 277 s. — differentia inter reatum culpae et r. poenae ibid. — Vilmarius D. D. et Libr. Symbolicos injuste accusat de usu vocis reatus et culpae 291. — peccata in conversione quoad offensam Dei abolentur III, 193 s. 197. — reatus in baptismo tollitur 483. — homines in V. T. per sacrificia de reatu admonentur 108.
Rechenbergius, Adam (prof. Lips. † 1721), I, 68. III, 238.
Reconciliatio Christi III, 113. vid. satisfactio; redemptio.
Redemptio notio vocis III, 111. — Chr. r. est vera 111 s. — Deo, non diabolo λύτρον persolvendum erat 112. — redempti sumus sine conditione 134 s. — Chr. etiam homines ante tempus suum viventes redemit 256 s. vid. satisfactio.
Reditus Chr. ad judicium vid. judicium extremum; non impugnat omnipraesentiam Chr. III, 64.
Reduplicative a significative distinguitur II, 243 s.
Reflectio summa mentis perfectio est III, 165.
Reformatione non ab ecclesia Romana sed curia R. nos separavimus III, 647. — fuit schisma sano sensu 665. — de cura principum circa sacra tempore ref. 737 s.
Regeneratio, locus III, 177—191. — notio et usus vocis reg. latius et strictius acceptae 178 ss. — praecise fidei donationem denotat, cui nova creatio, vivificatio, spiritualis resuscitatio respondent 178. — differentia inter regenerationem et justificationem, renovationem, adoptionem etc. 178 s. 187. — non fit successive (contra Baierum 187) sed in momento 179. — Lutherus renovationem regenerationem nominat ibid. — reg. accidentalem non substantialem mutationem importat 180 s. — collatio reg. et generationis naturalis 188. — vox regenitorum moderate utenda est 190. — *terminus* a quo est carentia virium spiritualium 181. — a subjecto nulla agnitione peccati praedito incipit 179. — term. ad quem est vita spiritualis 181 s. — *causa* efficiens Deus trinunus 182. — causa impulsiv. intern. misericord. Dei 183. — causa meritoria est Christus 184. — causae ministeriales verbum, ministri ecclesiae 184 s.; baptismus ibid. 470 s. — reg. ad fructum non ad substantiam bapt. pertinet 482; — regeneratio extraordinaria 185. — vid. infantes. — *subjectum* quod est homo carens vita spirituali contumaciter non repugnans 186; et adulti et infantes ibid. — subj. quo est anima humana 186 s. — forma est fidei donatio 178. 187 s. — vires naturales nihil ad reg. conferunt 188. — finis et effectus prox. est justificatio et renovatio; ultim. salus

aet. et gloria Dei 188. — necessitas reg. 177 s. 188 s. — efficacia perennis reg. 189. — defectibilitas ibid. — reiterabilitas 189 s. — definitio 191.
Antitheses: reg. esse mutationem substantialem 180 s. — hominem aliquid ad reg. conferre 182. — bapt. solum esse causam minister. reg. 185. — reg. tantum adultis convenire 186. — defectibilitas et reiterabilitas reg. negatur 190 s. — reg. esse mutationem vitae 187.

Regimen in ecclesia toti coetui datum est III, 714. 717.

Regium officium et regnum Christi III, 128—133. — de divisione 128. — ab ipsa conceptione Chr. rex fuit, sed potestate non plene utitur ibid. 133. — an discrimen inter regnum Christi et Dei 128. 130. — ad 1 Cor. 15, 24. 130 ss. — regnum potentiae 128; gratiae 129 s.; gloriae 132 s. — regnum Chr. in mundo sed non de mundo est 129 s. — ecclesia a Chr. defenditur 124. — ministerii institutio ad officium reg. pertinet 132. 689. — qua ratione condemnatio damnatorum ad regnum gloriae pertineat 133. — verba agnatorum Chr. de regno ejus 130. — ut regnum triplex ita prae- ⬛⬛⬛⬛⬛ ⬛⬛⬛⬛⬛ ⬛⬛.

Reichel II, 83.

Religio, etymologia et notio vocis I, 13 s. 43. — rel. christian. propagatio et conservatio 129. — per vim armorum propaganda non est III, 740.

Remigius Sanctus († 533), III, 211.

Remissio peccatorum pars conversionis non est III, 195. — est forma justificationis 282 ss. — quo sensu sit objectum fidei 285. — vid. justificatio.

Remonstrantes vid. Arminiani.

Renati semper pravam concupiscentiam habent III, 236 s. 304 s. 327 s. 312. (314). — id negatur 305. 323. — quo sensu dicantur perfecti 304 s. — vox regenitorum moderate utenda est 190. — habitatio Dei in eis vid. unio mystica.

Renovatio, vox aliquando late accipitur 299 s. — est effectus justificationis 295. — justificare non denotat sanctificare (contr. August.) 300. — quomodo ab justificatione distinguatur 300. 301. — item a regeneratione 178 s. — ren. importat realem mutationem 301. — terminus a quo reliquiae peccati 302 s.; ad quem majores vires spirituales 303 s. — ad Rom. 7, 14. ss. 302 s. (II, 284. 305.) — 1 Joh. 3, 9. III, 190. 236. 307. — quomodo peccata magis magisque aboleantur 306 s.; et vires spirituales acquirantur 307. — ren. fit successive 179. 312. 304. — causa eff. Deus trinunus 308. — c. instrumentalis est evangelium (non etiam lex ut Baierus docet) 308 s.; baptismus 309. 473; coena sacra 309. 527. 529. — de cooperatione hominis ad renovationem 309 ss. — fidei munus in ren. 310. — quomodo bona opera se ad ren. habeant 315. — subj. quod homo renatus; subj. quo anima et membra corporis 311. — forma 311 s. — finis prox. 312. — ren. fidem non conservat 314. — qua ratione sit finis theologiae I, 38 s. — ren. fructus resurrectionis est III, 94 s. — imperfectio ren. 304 s. 312. 314. 327 s. 236. — quo sensu renati dicantur perfecti 304 s. — necessitas 313 s. — difficultas et utilitas ibid. — usus legis et evangelii 397 ss. — definitio 314 s. — vid. opera bona.
Antitheses: imperfectio renov. negatur 305.

Renunciatio Satanae in baptismo III, 486 s.

Reprobatio III, 602—608. — decretum Dei est 602. — de nomine 603. — oppositum praedestinationis — quomodo conveniant et differant ibid. 550. — θέσις εἰς ὀργήν 1 Thess. 5 non est reprobatio 603. — causa impuls. int. ira Dei est 604. — Deus causa reprobationis non est III, 16. — causa externa peccata, praesertim incredulitas est 604 s. — rep. gratiae universali non contradicit ibid. — objectum omnes homines finaliter increduli sunt 606 s. — finis est peccatorum vindicatio et justitiae vindic. divin. gloria 607 s. — rep. immutabilis 603. — attributa reproborum pluralitas, possibilitas essendi ad tempus in statu vere renatorum, finalis incredulitas sunt 608. — definitio ibid.
Antitheses: Deum praedestinasse ad mortem III, 9. 17. 535 s. 607. — dist. inter reprobationem negativam et positivam 603.

88   I. INDEX RERUM, NOMINUM, AUTORUM.

Repugnantia s. resistentia I, 158. III, 15 s. 230 ss. 548: dist. inter rep. naturalem et malitiosam III, 15. 233. — dist. inter non-resist. paedagogicam et spiritualem 232. 548. — gratia div. repugnantiam naturalem et *actualem* frangit 548; non-resistentia malitiosa gratiae conversionis internae opposita gratiae divinae debetur 15 s. — absentia omnis repugnantiae spiritualis est beneficium gratiae 232. — Baierus dicit homines ex viribus liberi arbitrii ab resistentia malitiosa abstinere posse 233. — repug. efficaciam verbi impedit I, 158. — Deus omnium rep. malitiosam omnipotentia tollere potest, sed non vult nec tenetur III, 584. 16.

Resipiscentia vid. contritio.

Resurrectio Christi III, 93—95. — subj. quo est hum. nat. 93. — res. virtute Trinitatis spec. Patris facta est, item virtute propria ibid. — idem corpus sed glorificatum accepit 94. 95. — quare lapis sepulchralis remotus fuerit 94. — finis cujus et cui res. 94 s. — quomodo resurrectio ad justificationem totius mundi se habeat vid. justificatio object. — renovatio inter fructus res. refertur 94. — Antitheses 94. 95. II, 200. — de Chr. corpore glorificato II, 193 s. — XL dies post res. fuerunt singularis οἰκονομίας III, 62. — de iis, qui cum Chr. resurrexerunt II, 245.

Resurrectio mortuorum II, 241—250. — ex Scriptura sola probari potest 241. — „in nulla re sic contradicitur christianae fidei" (August.) 242. — medium εἰσαγωγικόν salutis dicitur 223 s. 243. III, 337. — ratio formalis reproductio corporis et ejus cum anima redunitio est II, 242 s. 250. — varia nomina, quibus in Script. res. describitur 243. 246. — causa efficiens Deus trin. et Chr. θεάνθρ. 243. — naturae viribus non fit ibid. — causa impuls. int. respectu piorum est justitia Dei remunerativa, respectu impiorum vindicativa 244. — c. impuls. ext. est partim meritum Chr., partim finalis impoenitentia 244 s. — subj. quod sunt omnes mortui 245. — totus homo, sed non totum hominis resurget ibid. — embryones resurgent ibid. — de iis, qui cum Chr. resurrexerunt et a morte resuscitati sunt 245. — subj. quo est corpus idem numero 246 s. — argumenta adversariorum refutantur 247. — resuscitati sexum, partes, et membra, quibus privati fuerunt, sed non humores superfluos recipient ibid. — de resuscitatorum statura 248 s. — finis proximus est partim beatitudinis plena participatio, partim damnationis consummatio 249. — finis ult. est gloria justitiae div. ibid. — descriptio 250. — vid. corpus.

    Antitheses: resurrectio negatur 242. — res. impiorum a Chr. merito dependet 245. — res. impiorum plane negatur 246. — corpus futurum non esse numero idem 248.

Resuscitatio spiritualis vid. mors spiritualis.

Reudenius, Ambr. (prof. Jenen. † 1615), III, 412. 450.

Reuschius, Joh. Pet. (prof. Jenen. † 1758), quid sit finis theologiae naturalis I, 9. — de fruitione Dei 11. — quid sit causa impulsiva 42. — quid sit articulus 45. — de problematis theologicis 67. — de objecto formali theol. 68. — quare de Scriptura in singulari numero loquatur Script. 92. — de imperio voluntatis in intellectum 132. — de causis formaliter et virtualiter causantibus II, 33. 162 s. — multiplicatio personarum non necessario multiplicationem naturarum importat 61. — de voce subsistendi 76 s. — an coelum inter elementa enumerandum sit 77. — an elementa physica independenter a praeexistente materia producta sint 77 s. — quid conscientia sit 269. — de propositionibus personalibus et biblicis III, 39. — de particulis diacriticis 49. — phrasibus abstractivis coram plebe utendum non esse 69. — de significatione vocis justificandi 247.

Revelatio, significatio vocis I, 6. — revelatio supernaturalis divina 30. — etiam gentilibus constat ibid. — dist. inter inspirationem et rev. 94. — revelatio est principium theologiae vid. principium. — revelationes *privatae* principium non sunt 88 ss. — dist. inter rev., quae articulum fidei spectant et quae statum ecclesiae vel politiae concernunt 88.

Rhegius, Urbanus (reformator Luneburgens. † 1541), III, 532. 574. 595.

Rhenanus s. Bildius Beatus (philolog. † 1547) III, 237.

Richardus, Georg. (enthusiast. circ. 1650), I, 90.
Richardus, de St. Victore († 1173) III, 445.
Richers II, 116.
Riegerus, G. Conr. († 1743), III, 273.
Risisse Christum non legimus III, 29.
Ritus baptismales III, 485 ss. — circumcisionis 424. — coenae sacrae 494 ss. — exequiales II, 239 s. — vid. ceremoniae.
Rivetus, Andr. († 1651), I, 172. II, 124. III, 121. 122. 346. 374.
רִקְעַ II, 84.
Rollius, R. H., Trinitatem ex ratione probari non posse II, 63. — de appropriatione operum ad extra 65. — Scripturam non loqui ad captum vulgi erroneum 86. — de igne infernali 142. — conservationem dici continuatam creationem 167. — quid ratio de peccato orig. cognoscere possit 281. — Christum secundum hum. naturam non esse filium Dei adoptivum III, 41. — de usu vocis regeniti 190. — de approximatione Dei speciali 295. — genus positivo-moralium legum rejicit 353 s. — legem moralem abrogatam non esse 374.
Roma septicollis III, 677. — ejus desolatio signum judicii extr. II, 257.
Romani vid. Pontificii.
Rothe, Rich. (prof. Heidelbergens., † 1867), I, 104. III, 19.
Rudelbach, Andr. Gottlob († 1862), de theologia archetypa et ectypa I, 5. — practicum habitum esse theologiam 35. — de revelatione et loco de Chr. 45. — methodum veterum dogmaticorum prae methodo neotericorum laudat 77. — methodum theol. tractandae non ex nostro arbitrio sed e revelatione divina pendere ibid. — Kurtzius dicit eum theoriam restitutionis defendisse II, 83. — de abrenuntiatione III, 486 s. — magistratum non esse in ecclesia 725 s. — de verbis Art. Smalc. ,,praecipua membra ecclesiae" ibid. — dogmaticorum discrepantia respectu potestatis magistratus in eccl. 735. — de consistoriis 739.
Rungius, David († 1604), III, 450. 457. 588.
Ruprecht, Tuitiensis († 1135), III, 19.

Sabaei II, 93.
Sabbas (saec. IV) I, 90.
Sabbathum, doctrina Lutheran. hac de re III, 351 ss. — Baierus dicit sanctificationem certi diei ad praec. III, pertinere 351. — Antitheses variae 354 s. — mandatum de certo die est positivo-moralis lex II, 271 s. III, 353.
Sabbatharii III, 354.
Sabelliani (saec. III) II, 49. 53. III, 50. 441.
Sabinus, Masurius (saec. I), I, 14.
Sacerdotale officium Christi III, 107—128: Chr. est sacerdos III, 107. — off. mediatorium et sacerdot. coincidunt sec. Baierum ibid. — sacrificii Chr. collatio cum sacrificiis V. T. 108 ss. — sacrif. Christi tantum semel peragi debuit 109. — Chr. ipsum sacrificavit 109; et quidem sponte 110. — injustum non fuit, quod Chr. pro nobis mactatus est 110. — *satisfecit* pro nobis (redemptio et emtio) 111 ss. — redemptio facta est interventu pretii ibid. — Chr. nos a peccatis et poenis redemit 112. 117. — nos Deo et Deum nobis reconciliavit 113. — sine satisfactione Deus peccata remittere non potuit 12 s. 113 s. 116. — culpa peccatorum in Chr. translata fuit, Chr. non occasione tantum passus est 114. 117. — de peccatorum impositione et portatione 114. — caritas Dei in eo commendatur, quod Chr. pro nobis mortuus est 115. — duratio solutionis λύτρον 116. — Chr. obsequium nostro loco praestitit 117 s. — obedientia passiva et activa 117 ss. — illa ἐν πλάτει obedientia est 118. — quare saepe in Script. morti et effusioni sanguinis soli redemptionis opus tribuatur 118. — Chr. Trinitati et sibi satisfecit 120; non pro se ipso ibid.; neque pro angelis vid. angeli; pro omnibus hominibus 120 s.; pro reprobis 121; pro populo V. T. 122. — num una guttula sang. Chr. sufficiens 121 s. — in statu exaltationis sacrificium non amplius praestat 126. — Antitheses vid. Christus; vid. satisfactio; intercessio.

Sacerdotes omnes christiani sunt III, 687. 722. — pastores ecclesiae sacerd. non sunt 687. — „sanctiores sunt aures plebis quam corda sunt sacerd." 647.

Sachse, Carol. († 1616), II, 14.

Sacramenta in genere III, 400—420: vox varie accipitur 402. 434 s. — quo sensu absoluto et ordinatio sacr. annumerentur 434 s. — bona opera sacr. vocari possunt 296. — vox ecclesiastica est 401 s. — Tertullianus primus voce usus est 402. — signa visibilia gratiae Dei ab initio data fuerunt 400 s. — arbor vitae instar sacr. fuit 401. — qua ratione signa sint 403. — genus non signum sed actio est 403 s. — requisita: actio a Deo mandata, elementum visibile, promissio gratiae 404. — unde definitio sacr. in genere deducenda sit ibid. — causa effic., impulsiva interna et externa 405 ss. — causa ministerialis est minister eccl. 407; in casu necessitatis laicus aut femina 408 ss. vid. laicus. — ad efficaciam non requiritur dignitas administrantis 407. 637. 692. 723. — materia elementum visibile et actionem importat 411. 423. — coelestis res omni sacr. non est 411 s. — verbum institutionis non materia sed forma sacr. est 412. 413. — in sacr. institutione Deus infirmitatem nostram spectavit 401. 406. — finis cui seu objectum personale 413. — finis cujus seu effectus 414 ss. vid. organa salutis. — sacr. sunt symbola confessionis, nervi publicorum congressuum 417. 642; sigilla promissionis 593.—idem effectus est verbi et sacram. 414 s. — verbum visibile, ὁρατόν, dicuntur 260. 400. — quid prosint sacr., cum omnia sint in verbo 416. — „verbum longe praevalet signo visibili" 471. — verbum magis necessarium sacramentis est 418 s. — qua ratione sacr. differant a verbo 419. — sine fide non prosunt 156 ss. 416. 470 s. — definitio 419. — dividuntur in sacr. V. et N. T. 419. — sacr. V. T. et sacrificia et sacr. N. T. conferuntur 420. — de circumcisione et pascha vid. circum., pascha. — si actus per ludum celebratur, non est sacramentalis 407. — qua ratione Christus eis usus sit 414.

Antitheses: Zwinglius et Calvin. de sacr. 303 s. — efficacia ab administrante dependere 407. — de fructu sacr. 417 s. — effectum verbi et sacr. non esse eundem 418 s. — de sacr. V. T. 420. — septem sacr. esse 435. — vox sacramenti simpliciter rejicitur 402. — Baierus „elevationem" sacr. docet 405.

Sacrarium III, 506.

Sacrificia V. T. typi Chr. III, 107; etiam ratione imputationis peccatorum 115. — praestat Chr. sacrif. prae eis 108. — sacr. in virtute sacrificii Chr. profuerunt ibid. — finis cujus legalis et evangelicus 108 s. — de fine cujus in genere 370 s.—non nuda signa sed organa, quae sacrificium Chr. offerebant, applicabant, obsignabant ibid. — Ebr. 10, 4. non contradicit Lev. 17, 11. 108 s. 109. — salutaria in se sine fide non erant ibid. — quid pertineat ad sacrificium 109. — sacrif. patrum ante Mosen ἐθελοθρησκεία non erant 369. — genera varia sacr. 368. — quomodo a sacramentis differant 427 s. 530. — quo sensu coena s. sacrif. vocari possit 529. — de oblatione sacrific. quotidiani Dan. 12. 684 s. — Antitheses 109. 370. 371.—de sacrificio Christi vid. sacerdotale officium Chr.

Sadducaei II, 166. 242.

Sadeel, Anton de la Roche (theol. reformat., † 1591), II, 169.

Saeculum, ejus consummatio vid. consummatio s. — saec. aureum vid. chiliasmus. — αἰών et עוֹלָם II, 265.

Sallustius, Crispus († 30 ant. Chr.), I, 31.

Salmeron, Alphons. (jesuit., † 1585), III, 79. 657.

Salus, quid denotet II, 159. — an homo non lapsus salutem habuisset ibid. — sal. princeps causa est gratia Dei III, 4. — fundamentum est Christus 18 ss. — sal. fides assequitur 134. — Deus qua ratione in tempore ad sal. perducit, ab aeterno decrevit 531. — homo sal. mereri non potest I, 11 ss. III, 335 s. — „multae sunt viae ad salutem" II, 10. — vid. organa salutis; beatitudo; finis fere omnium locorum theol.

Salvator nomen Jesus III, 19 s. — mediatus est Pater et Trinitas 20.

Salvianus (Massiliens. theol. saec. V), III, 29.
Samaritani II, 251.
Samosateniani, vid. Paulus Samosat.
Samuel, de ejus apparitione I, 88 s. III, 111. 235 s.
Sanchuniaton I, 1.
Sanctarellus, Antonius (jesuit., † 1649), III, 736.
Sanctificatio vid renovatio.
Sanctitas ecclesiae III, 615. 616. — Scripturae I, 123. 125. — Dei II, 39 ss.
    — extrinseca et intrinseca III, 617.
Sancti, cultus eorum in eccl. Pontific. II, 233 ss. — testes judicii extremi
    II, 261.
Sanctius, Casp. (jesuit., † 1628), II, 36.
Sanguis Christi effusa non computruit seu in terra relicta est III, 95. —
    λύτρον redemptionis 112. — num una guttula sufficiens 121 s. — qua
    ratione ad baptismum pertineat 454. 456. — vid. coena s.
Sapientia Dei II, 32. — Adami ante lapsum 149. 150. 153. — Evae 158. —
    angelorum 100 ss.
Σαρκοπνευματομαχία post conversionem incipit III, 202. 205. — Baierus
    in hoc negotio non bene distinguit 202. 204 s. — distinguenda est a
    lucta rationis et affectuum 205. — quamdiu renatus in lucta est, tamdiu
    caro dominium non habet 307. — Rom. 7. apostolus de se ut renatus
    loquitur 302. 380. — σαρκοπ. in ecclesia deprehenditur 644 (614).
Sartorius, E. W. Chr. († 1859), III, 81. 528. 725.
Satanas vid. Diabolus.
Satisfactio Christi, ejus necessitas III, 12. — antithesis 12 ss. 14 s. — frui-
    tionem satisf. gratiae div. debemus 15 s. — nostra ei conjungenda non
    est 116. — ex Scriptura probatur 113. — Deus absque satisf. peccata
    remittere non potest 12 s. 113 s. 116. — caritati non oppugnat 116. —
    valoris infiniti est 124 s. — quomodo Deo satisfaciendum sit 197 s. —
    vid. sacerdotale officium Chr.
Saturninus (saec. II.) II, 242.
Saulus, ejus contritio III, 213.
Savonarola, Hieron. (Dominicanus Florentinus, † 1498), I, 72.
Scaliger, Josep. Justus († 1609), II, 4. 169.
Scandalum, latius de eo II, 313 ss. — participatione cultus ecclesiae impurae
    praebetur III, 642. — de peccatis alienis II, 321 s.
Schaddai I, 12. II, 4. 5.
Scharffius, Joh. (prof. Wittenberg., † 1660), de fine cui et cujus I, 10. —
    quid denotet materialiter et formaliter II, 33; unum numero, genere,
    et specie 57; suppositum et persona 62; forma et principium indivi-
    duationis 92; forma informans et assistens 109; partes essentiales et
    integrales 117. — actiones esse suppositorum 62; potentiam passivam
    esse vel naturalem vel obedientialem 99.
Scheibel, Joh. Gottfr. (prof. Breslauens., † 1842), II, 116.
Schelwigius, Samuel (prof. Dantisc., † 1715), I, 140.
Σχῆμα corporis Christus non assumpsit III, 21.
שׁאל, opinio Neotericorum de eo II, 238 s. — terminus ad quem descensus
    Christi III, 91.
Scherzerus s. Schertzerus, Joh. Ad. (prof. Lipsiens., † 1683), crevisse articu-
    los fidei scholasticos dicere I, 48. — de perfectione Scripturae 165. —
    de cognitione Dei naturali II, 9. — quaenam impossibilia Deo esse 42.
    43. — Act. 13, 33. 66. — qua parte anni mundus creatus sit 80. — de
    opere primi diei 81. — de creatione animae 89. — diabolum non esse
    tortorem damnatorum 141. — optime de infantibus gentilium sperat
    214 s. — peccati originis et incredulitatis ratio ad damnationem 218. —
    quaenam sit causa resurrectionis impiorum 244. — de norma judicii
    263. — ad Rom. 5, 12. 281 s. — de propositionibus formalibus in loco
    de Christo III, 51. — de omnipraesentia Chr. in statu exinanitionis 62.
    — de cultu Chr. sec. hum. nat. 66. — quaenam attributa communicata

naturae hum. Chr. 70. — quid sit „forma servi et Dei" 81 s. — de partu
Mariae 86. — de particula „donec" ibid. — 1 Petr. 4, 6. 91. — qua
ratione Chr. virtute propria resurrexerit 93. — ubinam Chr. XL dierum
spatio versaretur 96. — distinguendam esse luctam carnis et spiritus
a lucta rationis et affectuum 205. — nos justificari per imputationem
247. — mortem Chr. ad utrumque testamentum pertinere 257. — quo
sensu dicat hominem esse causam renovationis 309. — de materia coelesti baptis. 454. 455. — de bapt. in nomine Jesu 459. — 1 Cor. 9, 27.
590 s. — reprobationem ab aeterno factam esse 603. — antichristum
non esse unum individuum 674 s.; esse in ecclesia 675. — *Naevi:* luctam carnis et spiritus esse etiam eis, qui in motu ad conversionem sint
III, 205. — fidem esse causam minus principalem electionis 560.

Schilterus, Zach. (prof. Lipsiens., † 1604), III, 472.
Schisma unitati ecclesiae opponitur III, 662 ss. — unde oriatur 662 s. — quid
sit I, 61. — de schismatibus tempore Stephani, Victoris, Julii I. III,
663. — dist. sch. ab haeresi 663 s. — de usu vocis bibl. et eccl. ibid. —
dist. inter malitiosam et non-malitiosam sch. 664. — an schismatici in
ecclesia sint ibid. — injuste excommunicati schismatici non sunt 664 s.
— Lutherani schismatici non sunt 665.
Schleiermacher, Fr. Dan. Er. († 1834), II, 149. III, 19.
Schlichtingius s. Slichting, Jonas (Socinian., † 1661), I, 83.
Schmidius, Eras. (Wittenberg., † 1637), II, 128.
Schmidtius, Seb. (prof. Argentorat., † 1696), de creatione animae II, 89. —
Christum non propterea in mundum venisse, ut legem explicaret III,
105. — de fiducia 142. 144. — an fides instrumentum appellari possit —
quo respectu justificet 268 s. — de subjecto justificationis 286. — de
usu vocum legis et evangelii 342. — de III. praecepto 354. — in statu
integritatis homo vitam aet. sibi non promeruisset 379. — de circumcisione 424. — dist. inter praedestinationem et redemptionem 540. —
in homine nullam praedestinationis causam esse 555. — fidem causam
impellentem praedestinationis non esse 567. — praedestinationem ad
fidem docet 575. — Joh. 15, 16. 575. — fidem non apprehendere electionem 576. — de „gratia ampliore" 575. — de inseducibilitate electorum 590.
Schmidtius, Andr. Joh. (prof. Jenens., † 1726), III, 603.
Schmieder, H. E. (Wittenberg.), II, 83. III, 81.
Scholastici eorum theologia est mixtura theol. et philosoph. I, 82. — ademe-
runt Deo omnes affectus II, 12. — solum Deum per essentiam esse
bonum II, 44. — de VII principalibus angelis 130. — mundum quoad
substantiam non interiturum 266. — Deum esse causam peccati 274. —
nullum esse ex se peccatum sed quia lege prohibitum 275. — de peccato
orig. 282. — de VII peccatis mortalibus 326. — pelagianismum docent
300 III, 216. 228. — Filium Dei embryoni unitum non fuisse 28. —
λόγον substitisse extra carnem 38. — Chr. filium Dei adoptivum 42. —
de triduo mortis 88. — de descensu 92. — quid sit dextra Dei 100. —
Chr. novum legislatorem esse 105. — satisfactionem Chr. labefactant
116. — de unica guttula sanguinis Chr. 121. — de satisfactionibus Chr.
superfluis 121. — de irresistibilitate gratiae 233. — de „gratia infusa"
258. — unionem mysticam negant 295. — judicium rationis esse normam operum bonorum 321. — legem impleri posse 380. — homines in
V. T. sine evangelio justificatos fuisse 384. — de discrimine legis et
evang. 394. — sine aqua baptizari posse 444. — de aspersione aquae
baptism. 445. — causam praedestinationis merita esse 555. — Chr. et
angelos praedestinatos esse 570. — hominem non esse causam reprobationis 607. — de coelibatu 777.
Schomerus, J. Chr. (prof. Rostochiens., † 1693), III, 122.
Schroeder, Sam., III, 25.
Schubert, G. H. (prof. Munich., † 1860), II, 83.
Schurmannia, A. M. († 1678), I, 90. II, 19. III, 328. 381. 638.

Schwenkfeld, Caspar († 1561), I, 90.
Schwenkfeldiani Scripturam necessariam non esse I, 107; nec efficacem 160.
— traditiones esse necessarias 166. — trichotomian docent II, 92. —
Chr. hum. nat. in statu gloriae non retinuisse III, 22. — fidem fiduciam non esse 145. — de voce justificandi 249. — justificationem esse
formationem ad pietatem 254. — Chr. cum fidelibus essentialiter se
unire 295. — perfecta bona opera praestari posse 305. 328. — verbum
externum rejiciunt 339. — de lege 394. 399. — sacramenta organa gratiae non esse 418. — de praesentia corporis Chr. in coena s. 507. 508.
— de ministerio ecclesiastico 685. — ministros peccata remittere non
posse 713.
Scientia est ἕξις ἀποδεικτικὴ ἐξ ἀναγκαίων I, 34. — s. habitus evidens circa objectum necessarium conclusiones ex principiis necessariis deducens 7.
— Baierus docet dari scientias practicas 7. 36. — quod Hunnius et Calovius recte negant 6. 34. — de variis methodis scientiarum tractanda-
rum 29 s.
Scortatio II, 324.
Scotus Duns et *Scotistae* vid. Duns Scotus.
Scriptura Sacra, locus I, 79—189: articulus fundament. est I, 53. — de
necessitate ejus 106 s. — an lectio cuivis simpliciter necessaria 115. —
librorum canonicorum catalogus artic. fidei non est 68. — an notitia esse
S. simpliciter necessaria sit 63. 68. — quid nomine S. intelligatur 92.
— causa efficiens Deus, per appropriationem Spiritus S. 93. — λόγος
προφορικός 93. 157. — an discrimen inter verbum Dei et S. 93. — infalli-
bilis et omnis erroris expers est 96. — „ein jeglicher Spruch macht mir
die Welt zu enge" (Luth.) 99. — causa impuls. interna est bonitas Dei,
externa indigentia hominum 105. — Deus suis digitis fecit initium scribendi 106 s. — causa efficiens minus principalis homines sancti 108 s. —
materia ex qua verba Ebraea et Graeca 109 ss. — De *stylo:* soloecismi
S. tribuendi non sunt 110 ss. — ad captum vulgi erroneum non loquitur,
sed aliquando formulis loquendi „opticis" II, 86 s. — varia genera styli
I, 111 s. — simplicitas styli conjuncta est cum gravitate 122. — pro
diversis ingeniis diversus 109. 111 s. — de idiomate s. syngrammate S.
143 ss. — autographa 147. — enumeratio librorum canonic. apocryph.
et deuterocanonic. 147 ss. — formale S. est sensus non signa verborum
112 s. — objectum sunt res sacrae 114. — finis cui in genere omnes
homines, in specie doctores ecclesiae 114 s. — a laicis legenda ibid. —
quae in S. proponuntur, excedunt lumen naturae 124 s. — omnium gentilium libros aetate antecedit 126. — definitio S. 189.
Affectiones vid. auctoritas. — veritas 125. — sufficientia 123.
126. — *Efficacia:* argumenta ab eff. 135. — ad totam perfectionem verbi
pertinet 154. — eff. ad convertendos homines 153 ss. III, 547 ss. — eff.
extra usum habet I, 154. 157. — eff. competit S. non physico sed super-
naturali modo 154. — eff. conjuncta est cum S. formaliter considerata
156. — verba Brentii „evangelium extra usum per se efficax non est"
158. — quomodo eff. impediatur I, 158. vid. resistentia. — an S. sit
instrumentum 159 ss. — sententia de elevatione verbi ibid. — eff. a
Deo augetur vel non augetur 160. III, 549 (580). — concursus gratiosus Dei cum verbo 547 ss. — unica est actio verbi et actio Spiritus S.
I, 161. — vid. organa salutis. — *Perfectio s. sufficientia* I, 161 ss. —
respectus ad numerum librorum non habetur 162. — est perfectio re-
stricta 162. — id quod quovis tempore scriptum fuit, canonem exhibuit
163. — de traditionibus 164 s. — *Perspicuitas s. claritas* I, 166—176. —
clar. triplex constitui potest 167. — nemo sine Spiritu S. Script. intelligere potest I, 69 s. — propter clar. S. norma esse potest 186. — qua
de re loca obscura in S. et quomodo interpretanda sint 168 s. — impii
notitiam litteralem, non salutarem assequi possunt 169 s. — causa ob-
scuritatis in homine est 171 s. — clar. non dependet ex „bono inter-
prete" (papa) 175. — de clar. S. interpretationum 171. — per lumen
supernaturale intellectus ad assensum perducitur 174.

Varia: S. non est creatura 156. — materialiter et formaliter considerata 156. — discrimen inter verbum et Deum ut causa conversionis etc. 158 s. — an statuendum sit, libros aliquos inspiratos periisse 162. — per consequentiam legitimam aliquid ex S. colligi potest 162. — de conclusionibus ex S. 180 ss. — est lux 174 s. — Gerhardus ab ea initium facit in Locis II, 3. — an omnia, quae in S. occurrant, articulis fidei sint annumeranda I, 46. — S. assensum praebere propter testimonium parentum et ecclesiae non sufficit 70. — S. methodi ἀκρίβειαν humanam non attendit 76. — scriptionis origo 127.

Vid. *auctoritas; — efficacia; — Graeca, Hebraica* lingua; *— inspiratio; — interpretatio; — organa* salutis; *— principium; — versiones; — verbum.*

Antitheses: non omnia in S. inspirata esse 100. — apostolos incidenter scripsisse 100 s. — erroris expertem non esse 101 ss. — „das Schriftganze" 104. — S. non esse necessariam 107. — stylum esse soloecissantem 112. — a laicis non legendam 116 s. — bullae paparum hac de re 117. — dist. inter verbum Dei internum et externum 160 s. — elevatio verbi docetur 159 s. — S. non esse sufficientem 166. — esse obscuram et ambiguam 175 s. — versiones rejiciuntur 176 s.

Scultetus, Hieronym., s. Theoph. Mosanus (prof. Heidelberg., † 1625) III, 95.

Sedes doctrinae, quisque articulus suam propriam sedem habet I, 49. — sunt perspicuae 168. — de sedibus d. coenae s. III, 489 s.

צֶדֶק et הַצְּדִּיק III, 248.

שְׂעִירִים, satyri, II, 140.

Seisselius s. Seyssel, Claudius (archiepisc. Gallic., † 1520), III, 676.

Selneccerus, Nic. († 1592), approximationem specialem Dei non docet II, 25. — Chr. ut Deum passioni obnoxium fuisse III, 49. — de assensu 139. — de materia coelesti bapt. silet 448. — fidem non esse causam praedestinationis 564. — quid πρόγνωσις et πρόθεσις sit 568. — quare Deus non omnibus fidem donet 581 s. — de obduratione ibid.

Semipelagiani, Massilienses, II, 300. III, 216. 228.

Seneca, Luc. Annaeus († 65), II, 165. 169. 282.

Sensus (Gefühl) III, 165 s. 288 s. 338.

Sensus Scripturae I, 177 ss.

Septem pro multis sumitur II, 137.

Septuaginta II, 116.

Sepultura Christi III, 89. — corporum exanimatorum II, 239 s. — improborum 240.

Serarius, Nic. (jesuit., † 1609), I, 116.

Servitus, ejus origo III, 783 s. — est status a Deo ordinatus et ei gratus 783 ss. — libertati christianae non repugnat 784. — servi in societate herili 783. 787.

Servus peccati, quid denotet II, 286.

Sessio Christi ad dextram III, 97. — dextra est omnipotens virtus 97 s. — „Gott gleich sitzen" (Luth.) 98. — apparitio Christi tempore mortis Stephani ejus sessioni non repugnat 98 s. — de subjecto quod et quo 99. — Chr. ab aeterno ad dextram sedit ibid. — ex ea omnipraesentia probatur 62. — omnipraesentiae non repugnat 64. — sessio regnantem denotat 676.

Sethiani (gnostici saec. II.) II, 115.

Severiani (monophys. saec. VI.) II, 158.

„Si" particula, ejus notio III, 268. — est etiam συλλογιστική 390.

Signa judicii extr. vid. jud. ext. — „signum Filii" II, 258.

Simon Magus (haeresiarchus saec. I.) ejus successores dicuntur Cajani II, 132. — resurrectionem negat 242. — Deum esse auctorem scelerum 274. — determinista est 301. — licentiam scelerum permisit III, 331. — de ejus baptismo 472. — *Simoniani* II, 106. 132. 242.

Simplicitas, an. hum. nat. Chr. communicata sit III, 54 s. 69. — sim. Dei II, 17. — Trinitas ei non repugnat 18.

Sleidanus, Joh. (historic., † 1556), I, 90.

576. — electos sua electione excidere posse 591. — *ecclesiam* penitus deficere posse 652. — verbum et sacramenta non esse notas eccl. 655. — de potestate eccl. 696. — de necessitate vocationis ad ministerium 704. — ministros peccata non remittere 713; nec Christum 713. — de magistratu 728. — magistr. non habere jus supplicii capitalis 740.

    Errores quorundam *singulorum* Socinianorum: de gradibus gloriae II, 198. — de aeternitate poenarum diabolorum 222. — philosophos virtutis officia tradidisse perfectiora quam Mosen III, 105. — subordinatianismum docent II, 72.

Sohnius, Georg (prof. Heidelberg., † 1589), II, 201. III, 79. 90. 92. 461.
Soloecismi in Script. non sunt I, 110 s.
Somnia II, 312.
Soror, conjugia in familia Adami cum ea III, 758. 764. — conjugium cum defunctae uxoris sorore 667—770.
de **Soto** Dominicus (monach. Hispan., † 1560), III, 381.
Spanhemius, Fr., Sen. (prof. Leidens., † 1649), III, 9. 122.
Spangenbergius, Cyr. († 1604), II, 288 s.
Spatia imaginaria, Deus non est in eis II, 22. III, 61.
Species, magis ac minus non variant spec. III, 137.
Species intelligibiles II, 30.
Specificatio et exercitium e. g. III, 326. vid. libertas.
Spectra II, 139.
Spener, Ph. J. († 1705), III, 354 s. 681 s. 577.
Spes christiana III, 297 ss. — ejus differentia a fiducia 142. — vid. certitudo.
Sponsa Christi est ecclesia III, 695. — sponsa diaboli est mundus II, 313.
Sponsales contra jus parentum approbanda non sunt 747. — de sponsalibus publicis et clandestinis 747 s. — puris et conditionalibus 750 s. — de praesenti et de futuro 749 s. — expressum „Jawort" non requiritur 750. — ob capitales inimicitias solvi non possunt 751. — „Es ist sowohl eine Ehe nach dem öffentlichen Verlöbniss, als nach der Hochzeit" 752. — de sponsis, qui per copulam carnalem ante benedictionem sacerd. conjugium consummant 754.
Sponsores baptismales III, 487 s.
Spiera, Franz († 1548), in Spiritum S. non peccaverat II, 328.
Spiratio vid. Spiritus Sanctus.
Spiritualia corpora vid. corpus.
Spiritualiter bonae actiones vires hominis naturales excedunt II, 171. — ad eas Deus peculiari influxu concurrit ibid. vid. conversio; bona opera; renovatio.
Spiritus Sanctus causa efficiens Scripturae per appropriationem est I, 93. — est judex doctrinae 186. — dicitur mitti ἀνθρωποπαθῶς II, 25. — verum Deum esse probatur 52 s. — ejus opera et attributa ibid. — spiratio aeterna 68 s. — „filioque" 69. — an sit haeresis „filioque" negare I, 6. — per actum voluntatis non spiratur 68. 69. — non derogat ejusdem majestati, quod nullam personam aliam producit 70. — ejus descriptio 75. — qua de re dicatur Spiritus S. ibid. — variis modis in eum peccatur 327. — peccatum in Spir. S. vid. s. h. t. — Spir. S. est causa efficiens hum. nat. Chr. III, 27. — non autem pater Chr. ibid. — quid in impraegnatione Mariae effecerit 28. — praecepta grammatica non docet I, 170 s. — lege utitur III, 396; id Agricola negat 399. — vid. illuminatio; testimonium.
Stancarus, Franc. († 1574), III, 126.
Stapletonus, Thom. (jesuit. Anglican., † 1598), III, 172. 651.
Status *integritatis,* in eo homo vitam aeternam sibi promerere non potuit I, 12. III, 379. — in eo theologia naturalis sufficiens fuit I, 17. — nullus magistratus in eo fuit III, 726. — nulla societas herilis 783. — de momento dogmatis immortalitatis ante lapsum I, 65. — vid. imago. — status *hierarchiae* tres II, 126. III, 725. — vid. exinanitio; exaltatio.
Staupitius, Joh. († 1524), III, 593 s.
Steffens, H. (theosoph. prof. Berolin., † 1845), III, 19.

Stegmannus, Josua (prof. Rintelnens., † 1632), III, 323.
Steinius III, 75.
Steinmeyer, F. L. (prof. Berolinens.), III, 81.
Stengerus, Joh. Melch. (diacon. Erfurtens. saec. XVII.), III, 238.
Stephanus, Christi apparitio tempore ejus mortis III, 98 s.
Steuberus III, 222.
Steuchus, August. (bibliothecarius Vatican., † 1550), III, 677.
Stier, Rud. Edw. (superint. Islebius, † 1862), II, 83. 116.
Stifeliani (sectat. Mich. Stifel, † 1567) III, 295.
Stoici philosophi II, 176.
Stoltz, J. Geo., III, 25.
Strigelius, Victorin. (prof. Jenens., † 1569), II, 301.
Sturmius, Joh. (paedagogus Calvin. Argentorat., † 1589), I, 82.
Suaresius, Franc. (jesuit., † 1617), I, 100. II, 124. 133. III, 430.
Subditi, eorum officia III, 741 ss. — nefas est eis gladium arripere 742 s. —
    an tyranno parendum sit ibid. — dist. inter subd. meros et mixtos 743.
Subjectum operationis est id, quod operationi substernitur 1, 10. 40. — coin-
    cidit subj. op. aliquando cum fine cui e. g. 40. III, 461. — *subj. quod*
    est subjectum, quod aliquid gerere s. pati denominatur II, 157. 219. 245.
    — etiam materia in qua appellatur 230 s. — s. subj. ultimatum s. totale
    276. III, 158. — *subj. quo* sunt partes illae suppositi, secundum quas
    aliquid gerit s. patitur II, 158. 219. 246. 276. — etiam subj. proprium,
    Graece πρῶτον δεκτικόν dicitur 276. 295. — s. materia adaequata 311. —
    s. subj. inadaequatum s. partiale III, 158. — definitio subj., subj. in-
    haesionis, denominationis, informationis, subj. ut quod et ut quo, subj.
    universalis et particularis II, 276.
Subordinatio Filii et Spiritus Sancti, a quibusnam doceatur II, 53 ss. 73 s.
Subsistentia, subs. Trinitatis relativae sunt et ab essentia div. realiter non
    differunt II, 61 s. — Chr. hum. nat. subs. aliena subsistit III, 24. —
    perfectio rei ex essentia ipsa non ex subsistentia aestimatur ibid. —
    subs. Chr. competit div. naturae κυρίως καὶ πρώτως, hum. nat. δευτέρως καὶ
    κατ᾽ ἄλλο III, 25.
Subsistentia est formale suppositi II, 60. — vocabulum ὑποστάσεως Graecis
    nunc subsist., nunc substantiam, nunc suppositum denotat ibid III, 31.
    — persona in esse suo formaliter constituitur 24. — illa subsistunt,
    quae non in alia sed in se existunt, sc. supposita II, 76 s. — scriptores
    existentia et subsist. promiscue utuntur 76. III, 37.
Substantia est prima categoriarum II, 59. — nunc pro οὐσίᾳ, nunc pro ὑπο-
    στάσει ponitur ibid. — nulla subst. formaliter est privatio II, 268. —
    compositae subst. insunt omnes actiones et passiones propter naturas,
    ex quibus est composita III, 47. — nonnulli scriptores nomine subst.
    ea quoque comprehendunt, quae ad circumstantias pertinent 323.
Sufficientia Scripturae I, 123. 126.
Sulpitius Severus (saec. V.) II, 116.
Superbia primum peccatum diaboli II, 132 s.
Superintendentes III, 706.
Supernaturalis revelatio, an detur I, 30. — theol. esse habitum supernatu-
    ralem 69.
Supplicia capitalia licita sunt II, 147 s. III, 356. 739.
Suppositum et persona differunt ratione subjecti, ita ut supp. in omnibus
    completis substantiis sive rationalibus sive irrationalibus obtineat II,
    60. — Baieri definitio ibid. — an naturam in casu recto denotet 60. 61.
    — actiones et passiones sunt supp. 62. III, 31.
Supralapsarii et *Sublapsarii* Calvinistae III, 9. 570 s. 607.
Sutor, Petr. (Carthusian., † 1537), I, 176.
Swedenborgiani (sectat. Im. Swedenborg, † 1772), II, 49.
Sylva, Joh., de (jesuit., † 1624), III, 677.
Συμβεβηκότως idem est quod accidentaliter et relate I, 32.
Symbola sunt normae normatae I, 88. 139. — non θεόπνευστα et absolute neces-
    saria 139 ss. — in genere de eis ibid. vid. Apostolicum; Nicaenum;
    Athanasianum.

Symeones (tres stylites: Symeon I., † c. 460. Sym. II., † 595. Sym. III., saec. XII.) I, 90.
Synaxis III, 489. vid. coena s.
Syncretismus opponitur unitati ecclesiae III, 665 ss. — notio vocis 665 s. — „Interim“ 669. — tres species syncretismi ibid. — tolerantia errorum cum Scriptura pugnat 671 s. — a sacris haereticorum abstinendum est 641 ss.
Συνέργεια III, 202. vid. cooperatio.
Synergistae „Lutherani“ II, 300. III, 216. 228.
Syngramma est ipse verborum in certa lingua delectus, series, contextus etc. I, 144. 147.
Συνκατάβασις vid. ἀνϑρωποπάϑεια.
Synodus vid. concilia. — synod. *Aleziana* Gallica III, 558. — synod. Dordracena (a. 1618. 1619) III, 9. 17. 558. — synod. Gangrensis (a. 340) III, 77. 777.
Σύνϑετον III, 31. 48. — συν. ὑφιστάμενον II, 18. — officium Chr. personam σύνϑετον requirit III, 70.
Συντήρησις et συνείδησις 11, 269 s.
צלם II, 144.
Synthetica methodus, quid sit I, 29 s. 77.
Systema, quid sit — stricte et late sumtum I, 77.

Tankerus I, 160.
Tannerus, Ad. (jesuit., † 1632), I, 46. 162. III, 65. 677.
Ταπείνωσις III, 77.
Tapperus, Ruardus (jesuit., † 1559), I, 175.
Tarnovius, Paul. (prof. Rostochiens., † 1633), III, 441. 711 s.
Tarnovius, Joh. (prof. Rostochiens., † 1629), III, 767.
Tartarus II, 142.
Tatiani vid. Encratitae.
Taulerus, Joh. (mysticus, † 1361), III, 215. 525.
Taurellus, Nic. (prof. Calv. Altorfiens., † 1606), I, 82. 170.
Teckel, Fabianus, I, 160.
Tentatio, Deus dicitur tentare hominem II, 317 s. — homo Deum 318. — homo hominem ibid. — de petitione VII ibid. — tentatio diaboli 318 s. — in bonum tentatorum argumenta auctoritatis Script. externa adhibenda sunt I, 121. — tentatio est negationi proxima 138. — fides tentatur tentationibus III, 139; sed non vincitur 163 s. — Spiritus S. tentatis testimonium suum praebet 165 s.
Terminus vitae II, 179 s. — controversia de termino gratiae III, 238.
Terminus a quo et ad quem in omni mutatione occurrit III, 180. 193. 301. — quid sit ibid. — ex ratione termini ad quem perfectio aut imperfectio actionis aestimatur 314. — quid terminus formalis et objectivus sit 193. — terminus qui idem est quod term. adaequatus 31. — qua de re termini ecclesiastici adhiberi possint II, 56.
Terra, an moveatur II, 86. — in terra sola non in luna homines sunt ibid. — „terra nova“ 266.
Tertullianus, Quintus, Septimius, Florens († post 220 ante 240), „nemo christianus nisi qui ad finem perseveraverit“ III, 171. — apostolos ad omnes scripsisse dum ad quosdam I, 107. — de autographis nonnullorum librorum Script. 148. — de infirmitate diaboli II, 136. — de unitate Dei II, 17. — voce sacramenti primus usus est III, 402. — de abrenuntiatione 486 s. — de distributione elementorum in coena s. 495. — in reos majestatis omnem militem 742. — filios sine consensu parentum non rite et jure nubere 748.
Errores : notitiam Dei naturalem esse salvificam II, 10. — de angelis 107. 133. — de „filiis Dei“ 116. — hominem ad imaginem natur. hum. Christ. creatum esse 146. — de statu animarum ante judicium extremum 236. — ejus chiliasmus 256. — reiterabilitatem conversionis negat III, 237.

Testamentum V. et N. dogmatice, chronologice et foederaliter sumitur III, 382 ss. — differentia inter V. et N. T. ibid. I, 185. — *Vetus* Hebraice scriptum I, 109. 143 ss. — libri et eorum divisio I, 147 s. — consensus ejus cum N. T. I, 124. — in eo evangelium III, 382. — patres V. T. per fidem salvati sunt III, 107. 142. I, 48. — meritum Christi profuit, antequam fuit III, 122. 256. — quinam dicant homines alio modo in V. T. salvatos esse 384. — ecclesiae V. T. catholicismus ratione temporis non competit 632. — causa ejus colligendae Christus 627. — Baierus a potestate regum theocratiae ad potestatem magistratus nostri temporis argumentatur 730. 734 ss. — de polygamia patriarch. 755. — vid. sacrificia. — *Novum* T. Graece scriptum est I, 109. 143 ss. — libri canonici et deuterocanonici 149 ss.

Testimonium Spiritus S. in cordibus de veritate et divinitate Scripturae I, 95. 132 ss. 135 ss. — in cordibus fidelium de statu gratiae III, 165. — in tentationibus adest 166. — ejus ratio ad verbum ibid. — testimonium ecclesiae vid. eccl.

Theocritus (saec. III ant. Chr.) II, 242.

Theismus I, 28.

Theodoretus (episc. Cyr., † c. 457) de I. genere comm. idiom. III, 45. — „ἡσυχάζοντος τοῦ λόγου" 46. — qua ratione Chr. obnoxius fuerit passioni 49. — omnia Chr. sec. hum. nat. communicata esse 54. — imaginem Dei ad virum solum restringit II, 158. — Chr. pro omnibus creaturis passum esse III, 122.

Theodorus, Askidas (episc. Caesar. saec. VI.), I, 172.

Theologi et facultates theologicae:

    Anhaltini III, 80. 92. 346.
    Argentoratenses (1646) III, 225. II, 301.
    Bremenses (saec. XVII.) III, 50. 122.
    Dorpatenses (1866) I, 87.
    Dresdense consistor. (1585) III, 771.
    Electorales (1602) III, 567.
    Enidenses (Calv. saec. XVII.) II, 201.
    Hassiaci Casselani (Calv. saec. XVII.) III, 122. 519. 558.
    Helmstedtienses vid. Novati.
    Jenenses (1628) de Scripturae efficacia I, 155. 156. 157. 159. — unicam actionem verbi et Spiritus esse 161. — de claritate Script. 170. — (1657:) de copulatione III, 752 s. — (1646:) an velle in homine ante convers. sit 225.
    Leidenses (Calv.) III, 571.
    Lipsienses quisnam sit theologus I, 3. — (1646:) responsum de conversione III, 206 s. — de certitudine electionis 596 s. — (1695:) Lev. 18, 18. 769. — (1711:) an conjugia omnia in gradibus prohibitis inita dissolvenda sint 772.
    Marpurgenses (Calv.) III, 519. 346.
    Misnici III, 334.
    Neostadienses (1581) vid. admonitio.
    Palatini (Calv. saec. XVII.) III, 233.
    Rostochienses (1622) III, 754.
    Salmurienses III, 122.
    Saxonici (1629) I, 158 s.
    Tubingenses (initio saec. XVII.) ad Joh. 17, 5. III, 79. 89. — animam Chr. in morte a corpore separatam non fuisse 88. — de certitudine electionis 588. — (circ. 1700:) de praedestinatione 541.
    Wittenbergenses (1628:) Spiritum semper conjungi cum verbo I, 157. — de claritate Scripturae 170. — (1597:) de phrasi Huberi Chr. toti generi humano redemptionem contulisse III, 286 s. — (1621:) item: hominem in statu integritatis vitam promereri potuisse 379. — (1597:) regenerationem ad substantiam baptismi non pertinere 482. — (1619:) de formula distributionis coenae s. 496 s. — (1597:) de synonymis praedestinationis 536. — in Formula

Concord. vocem praedestinationis stricte sumi 538. — (1596. 1597:) quomodo fidem se ad electionem habere 566 s. — (1595:) Rom. 8, 28. 576. — (1596:) de mysterio praedest. 584. — (1595:) electos certe salvatum iri 587 s. 588. — (1638:) laicos assessores in conciliis 657. — vocationem minist. eccl. pertinere ad certum locum 722. — (1628:) efficaciam verbi non pendere a vocatione 723. — de benedictione sacerdotali 753.

Wirtenbergenses (1593) III, 287. — (!594:) 587. III, 49.

Theologia, locus I, 1—79. — vocis etymologia, notio et usus apud scriptores gentilium et ecclesiae 1—5. — doctrina de Deo appellatur theol. 3. 5. — item de divina Chr. natura III, 23. — theol. ἀρχέτυπος et ἔκτυπος I, 4 s. — duplex est, naturalis et revelata 5 s. — an theol. naturalis et revelata inter se pugnent 20 ss. — quomodo ratio humana bene utenda sit in theol. 83 s. 180 ss. — theol. vs. philosophiam 85.

Naturalis theol. absolute spectata 6—17. — spectata ratione lapsus 17—30. — an theol. nat. sit scientia practica 6 s. — est habitus practicus 7 s. — finis theol. nat. absolute spect. objectivus est Deus; formalis ejus fruitio 5. 9 s. — finis theol. nat. post lapsum est paedagogia ad theol. revel. 9. 31. — theol. nat. subjectum operationis est homo viator 10. — causa eff. est Deus, c. impulsiva ejus bonitas 11. — medium conseq. salutis est religio 13 ss. — de insufficientia theol. nat. ad salutem consequendam post lapsum 17 ss. — quantum cognoscat 19. — de utilitate theol. nat. 20. — de principiis 20 ss. — objectum formale 23 ss.; materiale 25. — partes juxta ordinem analyticum collocandae sunt 29. — definitio theol. nat. 30. — Cicero de ea 25.

Revelata theol. 30—79. — nulla theol. rev. sine revelatione 30 s. — esse habitum probatur ex Scriptura 32 s. — est habitus practicus e divina revelatione haustus (ϑεόςδοτος) 32 s. 69. 71 s. — non est scientia (vs. Baier.) 33 ss. — finis internus est „theologizein"; externus fides et salus 36 s. 38 s. — finis internus justificatio aliquando dicitur III, 246. — finis formalis ultimus fruitio Dei I, 38. II, 181. — intermedius fides et sanctimonia 38 s. — subjectum operationis est homo peccator 40. III, 1 s. — causa effic. finis form. ultimi est Deus 40 s. — impulsiva interna bonitas, externa meritum Christi 41. — an fides causis salutis recte accenseatur 41 s. — item verbum et sacramenta 42 s. — objectum materiale sunt res revelatae 43 s. — formale revelatio divina 6. 43 s. 76 ss. 68 ss. — quod in verbo revelatum non est neque respicit salutem theologicum non est 43 s. — object. materiale dist. in credenda et agenda 44. — de credendis vid. articuli fidei. — theol. proprie s. d. in homines non-renatos non cadit 69 ss. — materialiter consid. oratione, meditatione, tentatione acquirenda est 72 ss. 75. — theol. ratio ad fidem 74 s. — definitiones variae 75 s. — theol. nihil aliud est quam ipsa Scriptura S. in certos locos redacta 43. — partes juxta ordinem analyticum collocandae 76 s. — theol. in systema redigenda non est 77 s. — connexio partium theol. II, 3. 181. 223 s. 267. III, 3. 18. 134. 337. — theol. exegetica I, 177 ss. vid. interpretatio.

Antitheses: quomodo Pontificii religionem definiant I, 14. — de principiis 22. — theol. habitum practicum non esse 33. — esse scientiam 35. (76.) 78. — de necessitate theol. 37.

Theologus, quis sit I, 2. 3. — oratio, meditatio, tentatio faciunt theol. 72 ss. — theologus Christianus esse debet 68. 69 s. 75.

Theopaschitae (saec. V.) III, 34. 49.

Theophilus (episc. Antiochen. saec. II.) I, 163.

Theophylactus (archiep. saec. XI.) II, 69. 236. III, 189. 457. 468.

Θεοπνευστία vid. inspiratio.

Θεός II, 7. vid. Deus.

Θεόςδοτος, notio vocis I, 71 s. vid. theologia.

Θεοποίησις, ϑέωσις, III, 53.

Theosophi II, 19. 83. III, 19.

Thiraeus, Pet., II, 261.

Tholuck, Fr. Aug. Gotttreu (prof. Hallens., † 1877), I, 104.

Thomas Aquinas († 1274) de voluntate II, 34. 38. — de nomine Dei 7. — creatianismum docet 102. — de merito angelorum 124. — de angelo custodiali 130. — peccatum orig. esse aliquid positivum 289. — negat necessitatem satisfactionis III, 13. — de passione Chr. 87. — de triduo mortis 88. — de descensu 92. — de fide implicita 138. — de fide infantum 160. — de sacrificiis ante Mosen 370. — de discrimine legis et evang. 394. — efficaciam sacramentorum a ministris dependere 407. — baptism. a non-baptizato administratum esse irritum 442. — bapt. esse absolute necessarium 468. — de virtute bapt. 471. — causam praedestinationis fuisse merita 555. — absolutum decretum defendit 558. — Chr. et angelos praedestinatos esse 570. — haereticos supplicio capitali afficiendos esse 736.

Thomistae I, 35.

Thomasius, Gottfried (prof. Erlangens., † 1875), attributa relativa in Deo necessaria non esse II, 13. — de Inspiratione 1, 103. — hominem fuisse imaginem Filii Dei ideoque Deum eum dilexisse II, 146. — rejicit varias falsas opiniones de imagine 149. — de sapientia et lingua Adami 150. — ejus synergismus 302. — de I. genere comm. idiom. III, 56. — κένωσιν div. nat. docet 80. — verbi et sacramentorum effectum eundem non esse 418. — de fructu coenae s. 528. — praedest. non esse decretum de certis personis 542. — electionem intuitu fidei et distinctionem inter voluntatem antecedentem et conseq. rejicit 570. — contra praedestinatianismum et pelagianismum 585.

Thummius, Th. (prof. Tubingens., † 1630), III, 83. 88. 284. 578 s.

Tilenus, Dan. (reform. Gallican., † 1633), I, 107. III, 75.

Timor Dei servilis et filialis III, 346. 598. 600.

Tiraquellus, Andr. (JCtus Gallican., † 1558), III, 756.

Töllner, Joh. Gottl. (prof. Francofurtens., † 1774), III, 119.

Toletus, Franc. (jesuit., † 1596), II, 326. III, 617.

Tossanus, s. Toussin, Dan. (prof. reform. Heidelbergensis, † 1602), II, 201. III, 393.

תַּרְבִּית III, 364.

תֹּהוּ וָבֹהוּ II, 80 s. 83.

Traditiones, quales necessariae sint I, 143 s. 164 s. — Romanorum antithesis (,,traditiones multis partibus superare Scripturas") 164 s. — refutantur 165. — non sunt norma bonorum operum III, 318. — libertas ab eis est IV. gradus libert. christianae 293. 721. — vid. consensus eccl.

Traducianismus, quaestio de origine animae per traducem vel creationem est articulus non-fundamentalis I, 65. 67. — quid Lutherus de ea judicaverit 67. II, 100 s. — de traduce animae humanae ad Evam II, 93. — de hac quaestione nostrates ἐπέχειν malunt, sed inclinant ad sententiam de traduce 100 s. — enumeratio eorum, qui creationem animae docent (e nostratibus Brentius) 102. — momentum hujus quaestionis in articulo de peccato originis 306 s. — sententia de traduce verior est III, 28.

Transsubstantiatio III, 498 s. 503.

Tremulantes vid. Quackeri.

Trichotomia hominis rejicitur II, 91 s.

Tridentinum Concilium (1545—1563) confluxus errorum papalium in eo stabilitus III, 659. — traditiones esse principium theol. I, 87. — de adoratione angelorum II, 132. — Chr. esse legislatorem III, 105. — satisfactionem Chr. esse supplendam nostra satisf. 116. — de fide justificante 145. — de fide infantum 160. — ,,fideles adulteros" etc. 173. — de poenitentia 211. — synergismum docet 216. 228. — imputatio justitiae Christi negatur 253. — bonitatem Dei non esse causam impulsivam justific. 258. — ,,sola fide" anathematizat 281. — de certitudine remissionis peccatorum 292. — ἐθελοθρησκεία 321. — opera ante conversionem bona esse 325. — perfectam impletionem legis possibilem esse 305. 328. 381. — bona opera meritoria esse 336. — evangelium

discrimen inter verbum scriptum et non scriptum 338 s. — normam bonorum operum 318 ss. — dividitur in legem et evangelium 339 ss. — audiendi v. desiderium non habet rationem meriti 209; est actus ecclesiasticus s. paedagog. ibid. — de auditu v. externo et interno ibid. — a quibusnam distinguatur inter v. externum et internum I, 161. III, 339. (cf. III, 474, 546. 476.) — quare Deus v. alii loco donet, alii non donet III, 580. — vid. *Scriptura* S.; *organa salutis*; *efficacia.*

Veritas theol. naturalis et revelatae una est I, 20. — v. prima revelans 44. — Scripturae 123 s. — studium v. scriptorum sacr. 127. — columna veritatis III, 659. — amicus Plato, amicus Socrates sed magis amica veritas 660.

Vermigli Petrus appellatus Martyr (ex Pontificio reformat. factus, † 1562) I, 83. II, 7. III, 346.

Versiones Script. S. causant assensum fidei sed norma non sunt I, 120. (138 s.) 176 s. — per eas Sp. S. de veritate dogmatum testatur 171. — Pontifici easdem rejiciunt 176 s.

Versus nonnulli: „nitimur in vetitum" I, 31. — de praesentia Dei II, 22. — „praecipet ac prohibet, permittit, consulit, implet" 39. — „quid sit nasci, quid processus" etc. 70. — „non Deus est numen Parcarum carcere clausum" etc. 169. — „omnibus una salus" etc. 198. — „est vindicta vita jucundior ipsa" 209. — de quatuor novissimis 224. — de participatione alienorum peccat. 322. — „dulcia non sentit, qui non gustavit amara" III, 102. 257. — „o beata culpa" etc. II, 294. III, 102. — „dat Deus, acquirit Chr. verbum exhibet" etc. 261. — de honore parentum 368. — de sacrificiis 369. — „in, cum, sub totum turbant" etc. 503. — „sit bonus interpres" etc. ibid. — de tropo 510. — „amicus Plato, amicus Socrates sed magis amica veritas" 660. — de servitute 783.

Vetus testamentum vid. testamentum vetus.

Vicariatus papae vid. pontifex.

Victor (episc. Rom. 189—199) III, 663.

Viegas vid. Blasius.

Vigilantius (presbyt. Gallus saec. IV. et V.) II, 236.

Vilmar, A. F. Chr. (prof. Marpurg., † 1868), Trinitatem probari non posse e Vet. Test. II, 48. — spatio sex periodorum Deum creavisse mundum II, 79. — „restitutionem" docet 83. — causam exemplarem imaginis div. fuisse Filium 146. — imputationem lapsus Adami negat 291. — confirmationem, absolutionem et ordinationem sacramentis annumerat III, 480. — de confirmatione 480 s. — praedestinationem non esse decretum de certis personis 542.

Vincentius Lerinensis (monachus, † 450 ?) I, 87. III, 325.

Virgilius, Publ. V. Maro († 19 ant. Chr.), I, 21.

Vires hominis naturales vid. liberum arbit. — renati sunt ei, qui viribus credendi instructi sunt III, 158. — neoterici dicunt Deum vires credendi solas praestare III, 152. — vid. conversio.

Virtualiter τῷ formaliter contradistinguitur I, 7. II, 33.

Virtus Dei, Luc. 1, 35., est Filius Dei III, 26. 85. — secundum Baierum potentia Dei 27.

Visio denotat exactissimam scientiam II, 74. — quid βλέπειν πρόσωπον θεοῦ denotet 122. — visio beatifica 182 ss. — vid. beatitudo aetern. — visio connotat actus voluntatis 182. — verba videndi cum ℶ delectationem importare solent 190. — quid sit vitam non videre 204. — quomodo damnati Deum visuri sint 205 s.

Visiones vid. enthusiasmus.

Visitationes eccl. instituere ad magistratus officia non pertinet III, 734. (733.)

Vita aeterna vid. beatitudo. v. Dei II, 28. — v. hominis quousque proroganda in statu integritatis fuisset, nemo scit II, 159. — terminus vitae 177 s. — Scriptura voce vitae varie utitur III, 610. 611. — vita spiritualis III, 181 s. — vid. liber vitae.

Vivi die ultimo deprehendemur II, 230. 245.

Vivificationis, vocis notio III, 178 s. — regeneratio ei respondet 178.

Vocatio *ad salutem*, universalis III, 545 ss. — tempore protoplastorum, Noachi, apostolorum ibid. — v. indirecta 545. — negatur apostolos omnibus gentibus praedicasse 546. — Calv. distinguunt inter voc. efficacem et inefficacem, externam et internam ibid. — „multi vocati" 577 s. — ex ea praedestinatio cognosci potest 592 ss. — electi tantum in coetu vocatorum sunt 587. 578. — dict. inter vocatos et evocatos 627 s.

V. *ad ministerium* mediata et immediata III, 689 s. — cum clavibus ecclesiae jus vocationis datum est 690. 694. 695. 696. — litterae vocatoriae 696. 700. —preces cum actu voc. conjungendae sunt 696. 699. — per eam numus in perpetuum confertur 696. — ad eam concurrunt electio, ordinatio, vocatio (specialis s. d.) 699 s. — laicorum sententia requiritur ad eam 701. — ordinari non potest, qui vocatus non est 702. — de v. patrono eccl. commissa ibid. — voc. necessitas 705. 722. — *apostoli* ad praedicandum toto orbe terrarum vocati erant 722. (546.) — ministri hodie in certum locum vocantur 722. — efficacia verbi ab ea non dependet 723. — an qui exercitii gratia (e. g. studiosi) concionantur, v. habere dicendi sint 704. — antitheses variae 704 s.

Voetius, Gysbertus (prof. reform., † 1676), III, 67.
Volkelius, Joh. (Socinian. saec. XVI.), III, 439. 442. 704. 713.
Voluntas, *Dei* II, 32—39. — quales causae actibus voluntatis Dei sint 33 s. III, 552. — vol. ab ipsa Dei essentia non differt II, 32. — non importat mutationem III, 6. 11. — dist. in naturalem et liberam II, 34. — vol. libera dist. in efficacem et inefficacem III, 34. III, 11. — absolutam et ordinatam II, 34 ss. III, 10. — antecedentem et consequentem ibid. — Johannes Damascenus hac distinctione usus est III, 557. — Thomasius et Frank eam rejiciunt 570. — inter vol. signi et beneplaciti (s. absconditam et revelatam) et bene et male distinguitur II, 38 s. III, 9. —Anselmus male dist. inter vol. misericordiae et justitiae III, 11. — vol. conditionata et ordinata non plane coincidunt II, 35. — vol. consequente Deus mortem aeternam et temporalem infligit 216. 227. — vol. Dei est tota facti ratio III, 102. — dist. inter vol., propositum, decretum Dei III, 536. — an Deus necessario velit 34. — vult seipsum 34. — vol. Dei semper impletur aut de nobis aut a nobis 35. — *Voluntas,* quid significet II, 32. — voluntatis est extra se ferri in objectum III, 144. — ejus οἰκεῖον munus est velle 226. — cogi non potest II, 224. — ejus imperium in intellectum I, 132 s. — imperium voluntatis hominis primaevi in facultates inferiores II, 151 s. — providentia Dei libertatem voluntatis hominis non tollit 175 s. 297. — vol. est materia in conversione III, 223. 235. — fiducia est actus vol. 142. 143. — vol. mutatio tempore lapsus, in conversione, etc. vid. anima (facultates).
Vorstius, Conradus (Arminianus, prof. Leidensis, † 1622), II, 9 s. I, 82. II, 28. III, 381.
Voss, Gerh. Joh. (prof. Amsterdam., † 1649), II, 130. III, 29.
Vulgata, 1 Tim. 3, 6. II, 133.
Vultus errectus II, 155.

Waderlandi (Mennonitae in Belgio) III, 233.
Wagner, Andr., II, 83.
Wagner, Tob. (cancellarius Tubingens., † 1680), III, 355.
Walaeus, s. van Wale, Anton (prof. Leidens., † 1639), III, 190. 518.
Walchius, Joh. Ge. (prof. Jenens., † 1775), de notione vocum virtualiter et formaliter I, 7. — de methodo analytica et synthetica 29 s. — de norma primaria et secundaria 140. — de terminis reduplicative et specificative II, 243 s. — de verbis „cujus regni non erit finis" III, 130. — de controversia terministica 238 s. — toti coetui regimen eccl. datum esse 717.
Waltherus, Mich. (prof. Wittenb., † 1692), II, 4. III, 613. 705.
Wandalinus, J. (Danicus, † 1710), III, 272. 483. 74. 602. 627.
Warnerus, Joh. (enthusiasta saec. XVII.), I, 90.
Weigelius, Val. (ecclesiat. Zschopaviens., † 1588), et *Weigeliani* ejus sectatores, eorum enthusiasmus I, 90. 107. — apostolos in doctrina ab errore non immunes fuisse I, 101. — Scripturam esse vacillantem I, 175. —

de efficacia Script. 160. — de traditionibus 166. — trichotomiam docent II, 91. 92. — eorum chiliasmus 256. — non disting. inter ταπείνωσιν et κένωσιν III, 77. — de descensu Chr. ad inf. 92. — de sessione ad d. D. 100. — negant obedientiam Christi activam 119. — fidem esse imitari Christum 170. — de poenitentia 212. — de regeneratione 180. — fidem non esse fiduciam 145. — legem impleri posse 381. — de unione Christi cum fidelibus 295. 526. — perfecta opera bona praestari posse 305. 328. — imputationem obedientiae Christi ad justitiam negant 253 s. — sacramenta organa gratiae non esse 418. — de ecclesia 651. 655. — vocationem mediatam negant 705. — ministros peccata remittere non posse 713. — de magistratu 727. 728. 732. — voluntas humana vid. anima.

Wellerus, Jac. (eccl. Dresdensis, † 1664), I, 85.

Wendelinus, Marc. Fr. (theol. reform., † 1652), III, 8. 9. 121. 346. 519.

Wesel, Joh. (prof. Erfurtens., † 1481), II, 10.

Wessel, Joh. (humanista, † 1489), III, 19.

Wichart II, 83.

Wigandus, Joh. (prof. Regiomontanus et episc. Samlandanus, † 1587), I, 67. 147. II, 25. III, 448.

Winckelmannus, Joh (prof. Giessen., † 1626), II, 258. III, 87. 383. 540.

Wislicenus, A. T. (orator Berolinens., † 1883), III, 482. 509.

Wittenbergensis formula Concordiae de fide infantum III, 158.

Witakerus, s. Whitaker, Wilh. (prof. Cambrig., † 1595), III, 92. 490.

Wolzogenius, Ludov. (theol. reform., † 1690), III, 218. 713. 460 s.

῞Υ π α ρ ξ ι ς significat essentiam II, 60. III, 31. 37.

῾Υ π ό σ τ α σ ι ς, sriptores non uno significatu usurpaverunt II, 60. — concretive s. materialiter personam significat 59. 60; abstractive s. formaliter subsistentiam s. τρόπον ὑπάρξεως 60, III, 31.

῾Υ φ ι σ τ ά μ ε ν ο ν III, 32.

῾Υ π ε ρ ύ ψ ω σ ι ς III, 53.

Zanchius, Hieronymus (prof. Heidelbergens., † 1590), „subordinationem" defendit II, 73. — de angelis 108. 125. 130. — Christum sibi aliquid promeruisse 120. — bona opera necessaria ad salutem 333. — de coena s. 519. — haereticos gladio puniendos 736.

Zeibichius, Christ. Henr. (prof. Wittenberg., † 1748), III, 148.

Zeidlerus, Melchior (ecclesiast. Regiomont., † 1686), III, 738.

Zippora filium circumcidit III, 423.

צִפֹּרָה III. 427 s.

זַר II, 47.

Zwingerus (prof. Basiliens.) III, 190.

Zwingli, Ulricus († 1531), de voce religionis I, 14. — „nihil esse credendum, quod ratione comprehendi nequeat" 82 s. — externam praedicationem praecessisse fidem 161. — Numam, Aristidem, Socratem et al. inter beatos collocat II, 10. 201. — peccatum originis negat 282. 295. — de corpore Chr. glorificato 200. III, 95. — infantes peccata actualia non habere II, 323. — ejus ἀλλοίωσις III, 41. 46 s. 75. 72. — de Joh. 6, 55. 60. — accepit Nestorii opinionem 72. — de descensu Chr. 92. — necessitatem verbi externi negat 339. — de distributione decalogi 346. — de voce sacramenti 402. — sacr. gratiam non conferre 403 s. 417. 467. — de Exod. 12, 11. 433. — de baptismo Johannis 439. — de formula baptism. 461. — realem praesentiam corporis Chr. in coena s. negat 508. — interpretatio verborum institutionis 519; refutatur 510 ss. 516. — sacramenta non esse organa fidei 528. — ministros peccata remittere non posse 713.

14

II. INDEX LOCORUM SCRIPTURAE

explicatorum aut ita citatorum, ut explicata videantur.

Genesis.

1, 1.	II, 80. 83. 95.
2.	80 ss. 83.
	III, 28.
3.	84.
6. s.	84.
10.	90.
20.	87.
26.	85. 89. 95.
	143 s. 156.
31.	87.
2, 7.	88 ss.
8.	94.
17.	225.
19.	87. 150.
22.	93.
23.	150.
24.	III, 773.
25.	II, 153.
3, 3. ss.	292. 293.
	312.
7.	295.
15.	I, 126. III,
	382.
16.	III, 74 s.
19.	II, 240.
22.	46. 145.
6, 2.	115 s.
5.	281.
7, 2.	III, 369.
11.	II, 85.
9, 6.	147 s. III,
	739.
25.	III, 784.
10, 8.	727.
15, 15.	II, 185.
16, 16. s.	169.
17.	III, 421. 427.
7.	478.
20, 12.	758.
22, 2.	I, 15.
47, 31.	110.
50, 20.	II, 173. 174.

Exodus.

1, 20. s.	II, 172.
3, 14.	4 s. 15. 16.
	18.

4, 16.	II, 3.
6, 20.	III, 758.
12.	427. 433.
11.	431. 433.
35. s.	II, 304.
14, 15.	III, 166.
15, 3.	740.
20, 2.	347.
21, 21.	362.
22, 16. s.	747.
23, 2.	660.
31, 18.	II, 270.
32, 32. s.	III, 609 ss. 613.
34, 27.	I, 106.
29.	II, 184.

Leviticus.

17, 11.	III, 109.
18.	756 ss.
6.	756 ss.
7.	764.
10.	763.
14.	759.
18.	767 ss.
24.	368.
19, 19.	642.
20.	756 ss.
25, 35.	364.

Numeri.

9, 10.	III, 432.
23, 19.	608.

Deuteronomium.

1, 39.	II, 323. III,
	473.
4, 7.	26.
6, 1.	III, 343.
12, 32.	I, 164 s.
16, 2. ss.	III, 428. 429.
17, 15.	729.
21, 21.	727.
22, 9.	642.
23, 19. s.	362.
29, 3. 4.	549.
30, 14.	I, 173.
34, 6.	II, 232.

Josua.

5, 5. ss.	III, 425 s.
24, 2. s.	204.

Judicum.

6, 37.	III, 401.
16, 28. s.	II, 169.

I. Samuelis.

2, 3.	II, 29.
6.	III, 532.
8, 19.	729.
21, 6.	377. 378.
28, 14. ss.	I, 88 s. II,
	111. 235.
19.	111.
18.	116.

I. Regum.

10, 1. ss.	III, 219. 545.
19, 18.	553.

II. Regum.

5, 2. s.	III, 545.
19, 35.	II, 129.

I. Paralipomenon.

29, 29.	I, 162.

II. Paralipomenon.

9, 29.	I, 162.
33, 19.	ibid.

Nehemias.

5, 19.	III, 610.

Esther.

6, 1. ss.	III, 609.

Jobus.

1, 10.	II, 129.
2, 3.	310.

III. AXIOMATA ET DICTA PRAESTANTISSIMA NONNULLA,

quae in compendio sive afferuntur sive explicantur.

De Theologia.

1. Notitia Dei naturalis aut nulla aut imperfecta aut languida est. I, 18.
2. Sapientia praecedit, religio sequitur, quia prius est Deum scire, consequens colere. I, 13.
3. Mentem scientia tingit et aspergit, cordis autem motus inconditos nimis languide subigit. I, 19.
4. Distinguendum est inter *conceptum* Dei, ex creaturis ab ethnicorum mente haustum, et inter conceptus illius *applicationem;* ille fuit legitimus, haec vero minime. I, 24.
5. Quod in verbo Dei non est revelatum, non est theologicum. I, 43.
6. Verbum Dei condit articulos fidei et praeterea nemo, ne angelus quidem. I, 46. 86.
7. Articuli fidei ad salutem necessarii sunt omnium temporum. I, 48.
8. Quilibet articulus fidei in S. Scriptura habet propriam suam et nativam *sedem*, ex qua etiam judicari debet. I, 49.
9. Fides est una copulativa. I, 50.
10. Wer einen Artikel nicht recht gläubet, der gläubt gewisslich keinen mit Ernst und rechtem Glauben. I, 50.
11. Fundamentum non generat fidem, aut causat salutem, nisi cognitum. I, 53.
12. Du kannst nicht sprechen: Ich will christlich irren. I, 60.
13. Quidam articuli fidei etsi salva fide possint ignorari, attamen eadem salva negari nequeunt. I, 60.
14. Non omne dogma, quod ex sua natura aliquod fidei necessario praesuppositum aut eam consequens astruit vel destruit, idem in hominis cujusque mente illud efficit. I, 62.
15. Ein jegliche Lehre hat ihre Masse, Zeit und Alter. III, 595.
16. Errare potero, haereticus non ero. I, 64.
17. Christum recht lehren und bekennen, ist nicht möglich ohne den Glauben. I, 70.
18. Oratio, meditatio, tentatio faciunt theologum. I, 72 s.
19. Theologia (habitualiter considerata) est habitus intellectus θεόσδοτος practicus, per verbum a Spiritu S. collatus. I, 76.
20. Theologia (abstractive consid.) nil aliud, quam ipsa Scriptura s. incertos locos concinno ordine et perspicua methodo redacta. I, 76.
21. Moderati animi est cum ecclesia non solum reverenter sentire, sed etiam loqui. II, 56.
22. Malumus cautam ignorantiam confiteri, quam falsam scientiam profiteri. III, 451.

De Scriptura.

23. Οὐδὲν ἄτερ γραφῶν. I, 165.
24. Non scriptum non est sentiendum. I, 82.
25. Error est, quicquid contra Scripturam decernitur. III, 451.
26. Christianos volentes accipere firmitatem fidei ad nullam rem confugere decet, quam s. Scripturam. III, 451.
27. Multa continentur ἐν γραφῇ, quae non continentur ἐν γράμματι. I, 81.
28. Articuli fidei in se non sunt contra rationem, sed solum supra rationem. I, 84.

29. Quod manu apostolorum scriptum est, ipsa manu Dei scriptum est. I, 95.

30. Unus apex doctrinae plus valet, quam coelum et terra. I, 99.

31. Plus mihi valet unus locus Scripturae, quam omnes doctores per Eccium adducti. III, 624.

32. Mir ist also, dass mir ein jeglicher Spruch die Welt zu enge macht. I, 99.

33. Θεόπνευσις est Scripturae s. anima, a qua habet suum esse divinum ac αὐτόπιστον. I, 95.

34. Prophetae et apostoli sic arguere solent reprehensibiles in aliquo populo, quasi omnes arguantur, et sic alloqui laudabiles, quasi omnes ibi laudentur. III, 579.

35. Ad omnes apostoli scripserunt, dum ad quosdam. I, 107.

36. Johannes par esse putavit, tam praesentibus, tam futuris hujus evangelii conscriptione consulere. I, 107.

37. Was ich verstehe, ist vortrefflich; ich schliesse daher ebenso auf dasjenige, was ich nicht verstehe. I, 124.

38. Quisquis adhuc prodigia inquirit, ut credat, magnum ipse prodigium est, cum toto mundo credente non credat. I, 129.

39. Quibus argumentis olim persuasi fuerunt auditores, ut crederent apostolicae praedicationi, iisdem argumentis etiam hodie persuadeamur, credere ipsorum scriptis; eadem enim, quae docuerunt, scripserunt. I, 134.

40. Quando quaeris, num hoc illudne dogma sit Lutheranum, hoc cognoscere debes ex symbolis, tumque sunt norma hujus cognitionis. Ubi autem quaeris, num hoc illudne dogma verum an falsum sit, id certe non ex symbolis tanquam norma, sed ex Scriptura sacra cognoscendum est. I, 140.

41. Non propter testimonium, sed per testimonium ecclesiae, scriptum hoc Deum auctorem habere, credimus. I, 142.

42. In disputatione de libris Scripturae ecclesia non habet illam potestatem, quod potest ex falsis scriptis facere vera, ex veris falsa, ex dubiis et incertis facere certa, canonica et legitima sine ullis certis et firmis documentis. I, 151.

43. Habet scriptura inseparabilem comitem Spiritum Sanctum. Spiritus semper conjungitur cum verbo. I, 157.

44. N. V. C.: Sacramenta extra usum non sunt, ita nec verbum extra usum est. I, 157.

45. Est ratio non dux theologiae sed pedissequa. Serviat ancilla Hagar dominae, non imperet: imperium affectans aede sacra eliminetur. I, 183.

46. Spiritus S. in Scriptura et per Scripturam loquens est supremus judex. I, 184.

47. Ueber der Lehre zu erkennen und zu richten, gehöret vor alle und jede Christen, und zwar so, dass der verflucht ist, der solches Recht um ein Härlein kränket. I, 187.

48. Articuli fidei non sunt sibi invicem opponendi. II, 18.

49. Sit bonus interpres, nunquam mala verba nocebunt,
Sit malus interpres, nunquam bona verba juvabunt. III, 503.

50. Quae verba singula ita determinantur, ut omnibus tropis rimas obstruant, ea non tropice sed literaliter intelligenda sunt. III, 516.

51. In hoc nobis est constanter perseverandum, quod Deus non velit nobiscum aliter agere, nisi per vocale verbum et sacramenta, et quod, quidquid sine verbo et sacramentis jactatur ut spiritus, sit ipse diabolus. I, 89.

De Deo.

52. Fecisti nos, Domine, ad te, et inquietum est cor nostrum, donec requiescat in te. I, 9 s.

53. Si non potes invenire, quid sit Deus, tamen caveas de eo sentire, quod non est. II, 59.

54. Σαφὴς τῆς ἀπιστίας ἔλεγχός ἐστι, τὸ πῶς περὶ Θεοῦ ζητεῖν. III, 137.

55. Praesentem monstrat quaelibet herba Deum. I, 20.

56. Est essentia Dei τὸ πᾶν καὶ οὐδέν. II, 11.

57. In Deum non cadit accidens. — In Deo nihil est mutabile vel amissibile. II, 11,

58. Nihil est in Deo, quod non sit ipse Deus. II, 12.

59. Condescendit nobis Deus, ut nos consurgamus. II, 12.

60. Attributa divina de se mutuo possunt praedicari in abstracto, quatenus sunt in Deo, non autem quatenus sunt in nostris conceptibus. II, 13.

61. Facilius, quid non sit, quam quid sit Deus, explicatur. II, 14.

62. Quaecunque de Deo dicimus, οὐ τὴν φύσιν, ἀλλὰ τὰ περὶ τὴν φύσιν insinuant. II, 15.

63. Deus, si unus non est, non est. — Ἡ πολυθεότης ἐστὶν ἀθεότης. II, 17.

64. Unum nomen, una deitas. III, 457.

65. Enter, praesenter Deus hic et ubique potenter. II, 22.

66. Dic, ubi tunc esset, cum praeter eum nihil esset:
Tunc, ubi nunc, in se, quoniam sibi sufficit ipse. II, 22.

67. Nichts ist so klein, Gott ist noch kleiner; nichts ist so gross, Gott ist noch grösser. II, 25.

68. Supra et extra omnes creaturas nihil est, quam solus Deus. III, 61.

69. Für Gott stehet es alles in einem Augenblick. II, 30.

70. Extra Deum nihil existere potest, quod effectum in Deo producat. II, 33.

71. Voluntas antecedens, etsi proprie loquendo absoluta non sit, vere tamen et absolute universalis est. III, 10.

72. Deus vult seipsum ut finem, creaturas ut media. II, 34.

73. Voluntas Dei semper impletur, aut de nobis, aut a nobis. II, 35.

74. Deus ita misericors est, ut sit etiam simul justus. III, 13.

75. Deus, qui legem a superiore latam non habet, ipse sibi lex est. II, 40.

76. Ea Deus tantum potest, quae sunt possibilia. III, 13.

77. Deus factum infectum facere nequit. II, 42.

78. Tutius in voluntate divina, quae tota facti ratio est, acquiescamus. III, 102.

79. Qui libere naturae leges dedit, seipsum naturae legibus et ordini non obstrinxit. II, 43.

80. Deus *in* tribus personis subsistit, non *ex* illis componitur. II, 56.

81. Θεοῦ γέννησις σιωπῇ τιμάσθω. II, 66.

82. Filius, ut est persona, est ex alio; ut simplicissimum ens, non est ex alio. II, 68.

83. Quid sit nasci, quid processus, me nescire sum professus. II, 70.

84. Ex discrimine personarum reali oritur earum ordo cum in subsistendo tum in operando. II, 71.

85. Opera Dei ad extra sunt indivisa. II, 74.

86. Μόνον ὄντως ἄϋλον τὸ θεῖόν ἐστι καὶ ἀσώματον. II, 107.

De Creatione, Angelis, Imagine Dei, Providentia.

87. Caetera Deus non jussisset fieri, nisi decrevisset hominem facere. II, 102.

88. Macrocosmus in gratiam microcosmi est conditus. II, 102.

89. Angeli sunt incorporei πρὸς ἡμᾶς, sed corporei tamen respectu Dei. II, 107.

90. Dicuntur mali angeli non ortu, sed lapsu, non entitate, sed qualitate. II, 121.

91. Imago Dei et justitia originalis habent se ut totum et pars. II, 147.

92. Si Deus manum suam vel ad momentum rebus quibuslibet subtraheret, e vestigio reciderent in nihilum. II, 164.

93. Deus novit quiescens agere, et agens quiescere. II, 166.

94. Conservatio est creationis continuatio. II, 167.

95. Non restituitur homo sanitati per herbas, sed per Dei verbum. II, 169.

96. Voluntas Dei mensura rerum est, sermo ejus finis est operis. II, 169.

97. Permittit Deus peccata, cum impedire non teneatur. II, 173.

De Novissimis.

98. Coelestia futurae beatae experientiae rectius reservantur, quam scrupulose disputantur. II, 197.

99. Non erit ibi invidia disparis claritatis, ubi in omnibus regnabit unitas caritatis. II, 197.

100. Omnibus una salus sanctis, sed gloria dispar. II, 198.

101. Qui summum bonum non assequuntur, malum summum non effugient. II, 204.

102. Μὴ ζητῶμεν, ποῦ ἐστιν (sc. infernus), ἀλλὰ, πῶς φεύγωμεν. II, 220.

103. Mors tua, judicium postremum, gloria coeli,
Et dolor inferni sunt meditanda tibi. II, 224.

104. Grano seminis non deest, quod erat; sed adest, quod non erat. II, 247.

105. Illud resurget, quod cecidit. II, 249.

106. Vom ganzen Haufen (sc. Judæorum) mag hoffen, wer da will, ich habe da keine Hoffnung, weiss auch davon keine Schrift. II, 257.

De Peccato.

107. Ubi ἀνομία, ibi peccatum II, 208.

108. Conscientia erronea non obligat sed ligat, sufficit ad vitium non ad virtutem. II, 269.

109. Deus quaedam vult, ut bona, quaedam permittit, ut mala. II, 40.

110. Dominus peccata peccatis punit. II, 273.

111. Hoc peccatum haereditarium tam profunda et tetra est corruptio naturae, ut nullius hominis ratione intelligi possit, sed ex Scripturae patefactione agnoscenda et credenda sit. II, 281.

112. Propensio ad malum dicitur peccatum, non quatenus est entitas positiva et quoddam agendi principium, sed quatenus perfectione debita destituta et male agendi principium est. II, 287.

113. Privationis voce non extenuatur, sed exaggeratur potius peccati atrocitas. II, 287.

114. Voluntas Adami interpres erat voluntatum omnium omnino eorum, qui in lumbis vel femore ejus erant. II, 291.

115. Liberum arbitrium post peccatum res est de solo titulo, et dum facit, quod in se est, peccat mortaliter. II, 297.

116. Tota quaestio est de libertate ratione objecti. II, 298.

117. A praecepto ad posse N. V. C. II, 299.

118. Deus saepe ea jubet, quae vult in nobis efficere, et sua in nobis opera coronat et remuneratur. II, 299.

119. Quales primi parentes erant post lapsum corpore et anima, tales procreati sunt omnes. II, 306.

120. Quaedam sunt per se peccata quaedam vero κατ' ἄλλο, propter aliud. II, 309.

121. Justus in omni bono opere peccat. II, 309.

122. Ignorantia facti minuit peccatum et excusat a certa specie peccati, non a peccato omni. II, 316.

123. Omne peccatum, etiam minimum et cordiale, etiam in regenitis, natura et per se est mortale, legaliter. — Omne peccatum, etiam maximum, evangelice ex parte Dei est veniale. — Omne peccatum in irregenitis, etiam minimum, est actu mortiferum. II, 320.

124. Fides per quodvis peccatum mortale excutitur et amittitur. III, 172.

125. Consulo, praecipio, consentio, provoco, laudo.
Non retego culpam, non punio, non reprehendo,
Non obsto, sed praecipio et defendo aliena. II, 322.

126. Faciens et consentiens pari poena plectendi sunt. III, 716.

127. Non omnia peccata sunt aequalia. II, 324.

128. Nullum datur peccatum sua natura veniale. II, 325.

129. Homo putans se ad gratiam velle pervenire faciendo, quod in se est, peccatum addit peccato, ut duplo reus fiat. II, 326.

130. A debito proprie ad debitum improprie et figurate acceptum (quale peccatum est) N. V. C. III, 12.

De Christo.

131. Beniflcam voluntatem Dei Scriptura verbis, Christus lacrymis, Deus ipse juramento testatam fecit. III, 7.

132. Tolle morbos, tolle vulnera et nulla causa est medicinae. III, 19.

133. Si homo non periisset, filius hominis non venisset. III, 19.

134. O beata culpa, quae talem meruit habere redemptorem! II, 293. III, 102.

135. Τὸ ἀπρόςληπτον ἀθεράπευτον. II, 143. III, 21.

136. Voces Filii Dei et Filii Hominis in casu recto denotant personam, quae habet naturam sive divinam, sive humanam. III, 23.

137. Divinitas assumendo carnem agit, non patitur physice. III, 23.

138. Non Deus caro factus, sed Deus in carnem transmutatus Deus esse desinit. III, 24.

139. Assumptione humanitatis non augetur aut perficitur Deus, quia non est, quo crescat divina perfectio. III, 48.

140. Verbum non suscepit personam hominis, sed naturam hominis. III, 25.

141. Ἅμα σάρξ, ἅμα λόγου σάρξ. III, 26.

142. Animam creando assumpsit, et assumendo creavit. III, 26.

143. Non unitio sed unio est reciproca. III, 31.

144. Caro nunquam et nullibi est extra λόγον, et λόγος nunquam et nullibi extra carnem. III, 33. 36.

145. Homo est Deus non οὐσιωδῶς, sed ὑποστατικῶς. III, 40.

146. Christus secundum carnem est Filius Dei naturalis non adoptivus, quia non existit extra Deum, sicut adoptans alias existit extra adoptatum. III, 41.

147. Christus passus est ἡσυχάζοντος τοῦ λόγου. III, 46. 71. 78.

148. Christum dicimus Deum et hominem in una persona non confundendo naturas nec dividendo personam. III, 48.

149. Quae Scriptura Christum in tempore accepisse affirmat, ea non dicit secundum divinitatem accepisse (secundum quam omnia ab aeterno possidet), sed quod persona Christi, ratione et respectu humanae naturae, ea in tempore acceperit. III, 54.

150. Si humana natura Christi non potuit particeps fieri omnipotentiae caeterarumque proprietatum Verbi propter illarum infinitatem, certe propter eandem causam neque ipsius λόγου potuit esse capax. III, 58.

151. Es ist alles durch und durch voll Christus, auch nach der Menschheit. III, 63.

152. In Christo homine non est ἄλλος καὶ ἄλλος, sed tantum ἄλλο καὶἄλλο. III, 66. (23. 35.)

153. Ea tantum idiomata sunt immediate communicata humanae naturae Christi, quae ad finem unionis (ex usu in officio aestimandum) sunt necessaria et originem ac veritatem humanae naturae non evertunt. III, 70.

154. Nomina officii competunt Christo secundum utramque naturam. III, 126. (74.)

155. Communio operationum est consequens per se communicationis idiomatum ἐνεργητικῶν. III, 71.

156. Wo Gott nicht mit in der Wage ist und das Gewichte gibt, so sinken wir mit unserer Schuessel zu Grunde. III, 72.

157. Est quidem Verbi incarnatio humiliatio, sed non exinanitio. III, 77.

158. Altissimus non potest exaltari. — Non assumentis, sed assumpti est provectio. III, 78.

159. Passione et morte sua coelum nobis promeruit, ascensione vero sua illud nobis aperuit. III, 97.

160. Formam servi post resurrectionem deposuit. Humanitatem vero retinuit. III, 79.

161. Ἡ θεότης χρίσις τῆς ἀνθρωπότητος. III, 101.

162. Christus quidem fuit legis doctor, sed non legislator. III, 105.

16

163. Christus non est metaphoricus sacerdos, ergo nec metaphorice tantum interpellat. III, 127.
164. Meritum Christi profuit, antequam fuit; contemptus ejusdem obfuit, antequam fuit. III, 256.
165. Par est, ut quisque nostrum non minus gratias agat Christo, quam si ob ipsum solum venisset. III, 141.
166. Non necessum est, ut typus et antitypus etiam in specialibus inter se conveniant. III, 428.

De Fide.

167. Aliud sunt ea, quae creduntur, aliud fides, qua creditur. III, 136.
168. Stulte, quod vides, non est fides. III, 650.
169. Si res clara est et evidens, scitur, non creditur. III, 144.
170. Σαφὴς τῆς ἀπιστίας ἐλεγχός ἐστι, τὸ πῶς περὶ Θεοῦ ζητεῖν. III, 137.
171. Quid magis est contra fidem, quam credere nolle, quicquid non possit ratione attingere. III, 139.
172. Qui Christo non credit, multo minus credit in Christum. III, 139.
173. Tantum quisque de hisce bonis possidet, quantum vase fiduciae colligit. III, 140.
174. Fides et verbum relata sunt ac se mutuo respiciunt. III, 146.
175. Scriptura, quando de fide loquitur, interdum magis respicit ad notitiam, interdum magis ad fiduciam. III, 147.
176. Fides justificat non in praedicamento qualitatis, ut est opus, aut virtus, sed *relationis*, in suo correlato seu per suum correlatum, id est, res credita, meritum Christi fide acceptum justificat. III, 149.
177. Non sacramentum, sed fides sacramenti justificat. III, 156.
178. Infantibus aut fides tribuenda, aut salus deneganda. III, 159.
179. Est fides semper efficax per caritatem ἄνω καὶ κάτω. III, 162.
180. Spiritus Sanctus non est scepticus, nec dubia aut opiniones in cordibus nostris scripsit, sed assertiones ipsa vita et omni experientia certiores et firmiores. III, 163.
181. Desiderium fidei pro vera fide habendum. III, 164.
182. Fides sola justificat, quamvis numquam sit sola. III, 176. 168.
183. Fides per quodvis peccatum mortale excutitur et amittitur. III, 172.

De Conversione.

184. Ubi conversione opus est, ibi aversio praecessit. III, 172.
185. Forma conversionis consistit in hominis irregeniti ex statu irae et peccati in statum gratiae ac fidei translatione, quae habet actus suos praeparatorios, respectu quorum successive fieri dicitur conversio. Ipsa vero ex statu irae in statum gratiae translatio fit in instanti et in momento. III, 203. 220.
186. Ut velimus, sine nobis operatur; cum autem volumus, et sic volumus, ut faciamus, nobiscum operatur. III, 206.
187. Aliud est desiderium audiendi vel legendi verbum Dei, aliud est desiderium credendi. III, 209.
188. Auditus verbi externus non habet rationem meriti sed medii. III, 209.
189. Contritio per accidens est fremitus adversus Deum. III, 214.
190. Gratia operans in conversione, cooperans in conversis agit et operatur. III, 222.
191. Praeeunte gratia, comitante voluntate. III, 223.
192. Non potest velle sui conversionem. III, 226.
193. Causam discretionis, cur alii convertantur, unice penes hominem esse, dicere nostrates non solent, sed uno ore dicunt omnes, causam, cur convertantur, quicunque convertuntur, non esse penes hominem, sed unice penes Deum; causam autem, cur non convertantur, qui in impietate perseverant, non penes Deum, sed unice penes hominem esse. III, 227.
194. Non tantum vires credendi sunt a Deo, sed et ipsa fides actu. III, 151.

195. Quodsi *diversitatis ratio* quaeratur, cur uni det fidem, alteri non det: certe in Deo reperiri non potest, qui aequaliter erga omnes est affectus. III, 154.

196. Patroni naturae fiunt inimici gratiae. — Gratia non est gratia ullo modo, si non gratis datur omni modo. III, 228.

197. Libertas non converti et libertas converti, etiam positis divinis requisitis, manant *ex diversis principiis*. III, 231.

198. A noluntate ad voluntatem et a potestate gratiam repudiandi ad potestatem eam amplectendi et amplexandi in statu servitutis et corruptionis argumentari non licet. III, 232.

199. Θές, ᾿Ακέσιε, κλίμακα, καὶ μόνος ἀνάβηθι εἰς τὸν οὐρανόν. III, 237.

200. Vera poenitentia nunquam est sera. III, 238.

201. Sera poenitentia raro est vera. III, 239.

202. Quomodo in morte recordabitur Dei, qui non reminiscitur sui? — Latet unus dies ut observentur omnes. — Qui veniam promisit, crastinum non promisit. III, 239.

De Justificatione.

203. Von diesem Artikel kann man nichts weichen oder nachgeben, es falle Himmel und Erden oder was nicht bleiben will etc. III, 240.

204. Hic locus caput et angularis lapis est, qui solus ecclesiam Dei gignit, nutrit, aedificat, servat, defendit, ac sine eo ecclesia Dei non potest una hora subsistere. III, 241.

205. In corde meo iste unus regnat articulus, scilicet, fides Christi; ex quo, per quem et in quem omnes meae diu noctuque fluunt et refluunt theologicae cogitationes. III, 243.

206. Ecclesia discernit justos ab injustis, non lege operum, sed lege fidei. III, 244.

207. Saepe cohorresco, quod Lutherus, nescio quo omine, valde saepe in Galatis et in Genesi vocem illam repetit: „Haec doctrina post mortem nostram rursus obscurabitur." III, 245.

208. Justificatio est articulus stantis et cadentis ecclesiae. III, 245.

209. Fit ista absolutio hominis aut reputatio justi intra mentem divinam. III, 247.

210. Justificatio nostra non quidem augetur indies (sicut sanctificatio), sed innovatur indies. III, 252.

211. Deus non vult nobiscum aliter agere, nisi per vocale verbum et sacramenta, quidquid sine verbo et sacramentis jactatur ut Spiritus, est ipse diabolus. III, 155.

212. Gott gibt's; Christus erwirbt's; das Wort verkündigt's; der Glaube empfähet's; die Sacramente versiegeln's; der Heilige Geist bekräftigt's; die Werke bezeugen's; das Kreuz prüft's; der jüngste Tag eröffnet's. III, 261.

213. Gott kann nicht unser Gott sein, er gebe uns denn etwas Aeusserliches, daran wir ihn finden, als das mündliche Wort und die zwei Sacramente. III, 262. 401.

214. Fides nec qualificative, ut virtus est, nec quantitative, ut magna vel parva est, sed relative, ut ad Christum, tanquam objectum suum, refertur ipsumque respicit, in articulo justificationis consideratur. III, 274.

215. Non justificamur propter fidem, tanquam meritum aliquod, sed per fidem, quae meritum Christi apprehendit. III, 268. 273.

216. In evangelicis promissionibus: „Si credideris, salvus eris", particula „si" est συλλογιστική, denotatur enim modus applicationis divinitus constitutus soli fidei competens. III, 268. 390.

217. Fides ipsa, quatenus instrumentum est, recte dicitur opponi non tantum operibus omnibus obedientiae et pietatis, sed *ipsi fidei*, qua opus vel actus noster est, ejusque virtuti. III, 270.

218. Der Schatz ist wohl aufgethan und jedermann für die Thür, ja, auf den Tisch gelegt; es gehört aber dazu, dass du dich sein auch annehmest und gewisslich dafür haltest, wie die Wort geben. III, 271.

219. Ein Zeuge der Wahrheit hat in allewege das Evangelium also zu treiben, dass er den allgemeinen Gnadenantrag Gottes an alle Menschen sein Hauptwerk sein lasse. Und eine jede Seele, die zum Glauben kommen soll, muss den Grund in der Erkenntniss dieser allgemeinen Rechtfertigung über alle Menschen legen. III, 273.

220. Fides elevata deprimenda. III, 274.

221. Remissio peccatorum est res promissa propter Christum. Igitur non potest accipi, nisi sola fide. III, 274.

222. Fides justificat sola, tametsi nunquam sit sola. III, 278. Sola fides justificat, sed solitaria non existit. III, 279.

223. Nicht alles, was zur Bekehrung gehöret, auch zugleich in den Artikel der Rechtfertigung gehöret. III, 279.

224. Consequi remissionem peccatorum est justificari. III, 282. 283.

225. Peccatum in justificatione tollitur, non ut non sit, sed ut non obsit. III, 282.

226. Die Absolution ist wahrhaftig gewiss und ewig, wenn du auch gleich dran nicht gläubest. III, 712.

De Renovatione et Bonis Operibus.

227. Du musst den Himmel haben und schon selig sein, ehe du gute Werke thust. III, 295.

228. „Wenn man auf dem Wege Gottes still steht, ist es ebensoviel, als wenn man zurückgeht." Derowegen, wer angefangen hat, ein Christ zu sein, der ist schuldig, noch dieses zu thun, dass er gedenke, er sei noch kein Christ. ... Ein Christ ist im Werden, nicht im Wordensein. ... Wer derhalben ein Christ ist, der ist nicht ein Christ. III, 304.

229. Wehe demjenigen, der schon ganz erneuert ist. III, 304.

230. Contritio stare non potest cum proposito peccandi. III, 306.

231. Quamdiu in lucta est renatus, tamdiu plenum dominium non habet caro. III, 307.

232. Sie sind wohl feine Osterprediger, aber schändliche Pfingstprediger. Denn sie predigen nichts de sanctificatione et vivificatione Spiritus Sancti. III, 313.

233. Opera bona non sunt nostra sed Dei, per Spiritum suum in nobis efficaciter agentis, opera. I, 12.

234. Lex orandi est lex credendi et agendi. II, 233.

235. Coronat Deus intus voluntatem, si non invenit bene operandi facultatem. III, 211.

236. Si divitias Zachaei non habes, si desint tibi duo minuta viduae, si nec calicem aquae frigidae potes offerre, offer Deo bonam voluntatem. III, 211.

237. Fides bonae voluntatis genetrix est. III, 224.

238. Darum sind die zwei Sprüche wahr: Gute, fromme Werke machen nimmermehr einen guten, frommen Mann; sondern ein guter, frommer Mann machet gute, fromme Werke. Böse Werke machen nimmermehr einen bösen Mann, sondern ein böser Mann machet böse Werke. III, 315 s.

239. In cultu divino etiam, qui disparatus est, est contradictorius. III, 319.

240. Perperam intentio bona appellatur, quod Dei intentioni adversatur. III, 319. (322.)

241. Was Gott auf Erden thut durch seine Christen und Heiligen, das soll nicht gleissen noch scheinen vor der Welt; sondern schwarz sein, verachtet und verdammet werden vom Teufel und der Welt. III, 320.

242. Bona opera non praecedunt justificandum, sed sequuntur justificatum. III, 323.

243. Malum nascitur ex quovis defectu. III, 323.

244. Wehe dem allerlöblichsten Leben, so es ohne Gnade gerichtet wird. III, 328.

245. Extra causam justificationis nemo potest bona opera a Deo praecepta satis magnifice commendare. III, 329.

246. Die Werke, so zur Erhaltung äusserlicher Zucht gehören, welche auch von den Ungläubigen und Unbekehrten geschehen und gefordert werden, obwohl vor der Welt dieselben löblich, dazu auch von Gott in dieser Welt mit zeitlichen Gütern belohnet werden, jedoch, weil sie nicht aus rechtem Glauben gehen, sind sie vor Gott Sünde. III, 336.

De Verbo Legis et Evangelii.

247. Lex et evangelium sunt divinae revelationis capita, ad quae omnia, quae in Scripturis traduntur, revocari possunt. I, 114.

248. Der Unterschied des Gesetzes und Evangelii ist als ein besonder herrlich Licht mit grossem Fleiss in der Kirche zu erhalten. III, 339.

249. In Scripturis evangelio quidem assignatur saepius nomen legis, nunquam vero logi tribuitur appellatio evangelii. III, 342.

250. Alles, was die Sünde strafet, ist und gehört zum Gesetz, dessen eigen Amt ist, Sünden strafen und zur Erkenntniss der Sünden führen. III, 342. (391.)

251. Weil nun das Evangelium, welches allein eigentlich lehret und befiehlet an Christum glauben, Gottes Wort ist, so straft der Heilige Geist durch das Amt des Gesetzes auch den Unglauben. III, 342 s.

252. Distributio decalogi non est canonicae autoritatis, sed res media et indifferens. III, 345.

253. Praecepta negativa includunt contraria affirmativa et affirmativa includunt contraria negativa. III, 346.

254. Praecepta aut prohibita specie aliqua praecipua, etiam cognatae species, sive totum genus praecipitur aut prohibetur. III, 356.

255. Wo nun Mosis Gesetz und Naturgesetz ein Ding sind, da bleibt das Gesetz und wird nicht aufgehaben äusserlich. III, 348. 374.

256. Warum lehrt und hält man denn die zehn Gebote? Antwort: Darum, dass die natürlichen Gesetze nirgend so fein und ordentlich sind verfasset, als im Mose. III, 349.

257. Darum ist das nicht wahr, dass keine Ceremonien in den zehn Geboten sind oder keine Judicialia; sie sind und hangen drinnen und gehören hinein. III, 350.

258. Die es dafür achten, dass die Ordnung vom Sonntag für den Sabbath als nöthig aufgerichtet sei, die irren sehr. III, 351.

259. Quae Moses et prophetae ostendunt pertinere non tantum ad Israelitas, sed ad omnes gentes, ea sunt legis moralis praecepta. III, 368.

260. Abstinentia a sanguine et suffocato praecepta erat, ut synagoga judaica cum honore sepeliretur. III, 368.

261. Christianus proprie definitus est liber ab omnibus legibus, et nulli prorsus nec intus nec foris subjectus. III, 373.

262. Die Liebe, eine freie Kaiserin über das Gesetz — Meisterin über alle Gesetze. III, 377.

263. Summum jus, summa injustitia. III, 377.

264. Data est lex moralis ad vitam aeternam, sed sub conditione perfectae impletionis. III, 378.

265. Evangelium gibt und heisst nehmen, Gesetz fordert und sagt: Das sollst du thun. III, 389.

266. Wann es ingemein verstanden wird von der ganzen Lehre, so sagt auch die Apologia etzlichmal, das Evangelium sei eine Predigt von der Buss und Vergebung der Sünden. III, 392.

267. Wo du des Gesetzes nicht also allerdings vergisst, dich sein abthust, und denkst, als wäre kurzum gar kein Gesetz mehr, sondern eitel lauter Gnade, so vermagst du nicht selig zu werden. III, 393.

268. Videmus legem et evangelium, quae inter se longissime distincta et plus quam contradictoria separata sunt, affectu conjunctissima esse. III, 395.

De Sacramentis.

269. Gott kann nicht unser Gott sein, er gebe uns denn etwas Aeusserliches, daran wir ihn finden, als das mündliche Wort und die zwei Sacramente. III, 400. 262.

270. Sine externa re nulla salus contingit. III, 415.

271. Generalis doctrina de sacramentis ex iis, quae in specie de singulis in Scriptura habentur, deducenda est. III, 404.

272. Sacramenta dicuntur verba visibilia. III, 400.

273. Ὄργανα δοτικὰ et προςφερόμενα a parte Dei sunt verbum et sacramenta. III, 266.

274. Non confundi debent actio verbi et sacramentorum, quatenus fidem generant, alunt atque excitant, et actio verbi, prout ad justificationem concurrit proxime. Cum enim in priori actione verbum et sacramenta sese habeant ut organa tum effectiva virium supernaturalium ad credendum, tum excitativa motuum spiritualium fidei, in posteriori, sc. in justificatione, organa saltem dativa sunt, collativa et obsignativa boni justifici, quod est obedientia Christi. III, 261.

275. Accedit verbum ad elementum, et fit sacramentum. III, 408. 411. 471. 504. 447.

276. Nihil habet rationem sacramenti extra usum, qui institutus est a Deo. III, 504. 505.

277. Es muss unser Glaube und Sacrament nicht auf der Person stehen, sie sei fromm oder böse, geweihet oder ungeweihet, berufen oder eingeschlichen, der Teufel oder seine Mutter, sondern auf Christo, auf seinem Wort, auf seinem Amt, auf seinem Befehl und Ordnung. III, 409.

278. Nos existimamus in nullo mutilari et debilitari posse divina beneficia, nec minus aliquid illic posse contingere, ubi plena et tota fide et dantis et sumentis accipitur, quod divinis muneribus hauritur. III, 446.

279. Non sacramentum, sed fides sacramenti justificat. III, 156. 420. 470.

280. Justificat, non quia fit, sed quia creditur. III, 156. 420. 470.

281. In actione sacramentali distinguendum est inter δόσιν καὶ δόσεως τρόπον, inter λῆψιν καὶ λήψεως τρόπον; δόσις καὶ λῆψις necessaria sunt, τρόπος δόσεως καὶ λήψεως arbitrarius. III, 445.

282. Si hoc maneat fixum et firmum sacramenta esse organa efficacia conferendae gratiae, et Deum una indivisa actione operari per illa et conferre gratiam, quod Scripturae s. satis diserte docent, de modo operandi et conferendi gratiam ne simus nimis scrupulosi, sed eum potius divinae sapientiae relinquamus. III, 414.

283. Corda simul per verbum et ritum movet Deus, ut credant et concipiant fidem sicut ait Paulus (Rom. 10, 17.): ,,Fides ex auditu est.'' Sicut autem verbum incurrit in aures, ut feriat corda: ita ritus ipse incurrit in oculos, ut moveat corda. *Idem effectus est verbi et ritus*, sicut praeclare dictum est ab Augustino, sacramentum esse ,,verbum visibile'', quia ritus oculis accipitur et est quasi pictura verbi, idem significans, quod verbum. Quare idem est utriusque effectus. III, 414.

284. Damnamus totum populum scholasticorum doctorum, qui docent, quod sacramenta non ponenti obicem conferant gratiam ex opere operato sine bono motu utentis, h. e., sine fide. III, 416.

285. Si dat gratiam mihi sacramentum, quia *suscipio*, jam vere ex opere meo, non ex fide gratiam obtineo. III, 416.

286. Sicut Deus per verba ista circumcisionem in sua specie, ut sic loquar, et in actu signato fecit sacramentum, ita in exercitio, per verba in institutione ista fundata, individualis quilibet actus faciendus est. III, 424.

287. Prosapia messiae ad Isaacum restringitur, non foedus circumcisionis. III, 425.

288. In sacramento Deus offert et confert gratiam hominibus; in sacrificiis offerunt homines munus Deo ad consequendam ejus gratiam. III, 427.

289. Sacramenti usurpatio est nota confessionis et doctrinae. III, 643.

De Baptismo.

290. Qualis est fides ecclesiae de hujus articuli substantialibus, talis quoque est baptismus. III, 441.

291. Ubicunque administratur verus et integer baptismus, ibi est lavacrum regenerationis et renovationis, ibi etiam salus offertur baptizatis. III, 647.

· 292. Δεῖ ἡμᾶς βαπτίζεσθαι μὲν, ὡς παρελάβομεν· πιστεύειν δὲ, ὡς βαπτιζόμεθα· δοξάζειν δὲ, ὡς πεπιστεύκαμεν, πατέρα, καὶ υἱὸν, καὶ ἅγιον πνεῦμα. III, 441.

293. Non sonus verborum attendendus est, sed verus ille sensus, quem Christus in institutione baptismi intendit. III, 441.

294. Non magis baptismum licet fingere sine aqua, quam sacram coenam sine pane et vino. III, 444.

295. Baptismus nihil est aliud, quam verbum Dei cum mersione in aquam, secundum ipsius institutionem et mandatum. III, 447.

296. Omnes aquae a Christo in Jordane consecratae sunt. III, 461.

297. Distinguendum est inter ecclesiam constitutam et constituendam. III, 464.

298. Contemtus sacramenti damnat, non privatio. II, 214. III, 466.

299. Unde ista tanta virtus aquae, ut corpus tangat et cor abluat, nisi faciente verbo? Non quia dicitur, sed quia creditur. III, 471.

300. Peccatum tollitur in baptismo, non ut non sit, sed ut in peccatum non imputetur. II, 306. III, 473.

301. Tollitur per baptismum reatus et dominium peccati, non radix aut fomes peccati. III, 483.

302. Vides, quam periculosum, imo falsum sit opinari poenitentiam esse secundam tabulam post naufragium, et quam perniciosus sit error putare per peccatum excidisse vim baptismi, et navem hanc esse illisam. III, 485.

303. In baptismo stat prima gloria conscientiae nostrae. III, 485.

304. Es ist klar: es möge niemand zu viel sich auf solch Bad und Wiedergeburt verlassen, es ist noch mehr da. III, 485.

De Sacra Coena.

305. Sacramentalis manducatio et bibitio Joh. 6. non traditur. III, 490.

306. Christus coenam sacram instituens fuit quidem in statu non tamen actu exinanitionis. III, 491.

307. Wie diese Rede: „Wachset und vermehret euch und erfüllet die Erde", nur einmal geredet, aber allezeit kräftig ist in der Natur, dass sie waechst und sich vermehret, also ist auch diese Rede (Hoc est corpus etc.) einmal gesprochen, aber bis auf diesen Tag und bis an seine Zukunft ist sie kräftig und wirket, dass im Abendmahl der Kirche sein wahrer Leib und Blut gegenwärtig sei. III, 493.

308. Κοινωνία est inter duo unita existentia. III, 498.

309. Propositio illa: panis est corpus Christi, non est biblica sed ecclesiastica. III, 499.

310. In sacra coena praesens est totum Christi, non tamen totum Christi praesens est sacramentaliter, sed sola caro et sanguis. III, 502.

311. Dicendo dedit et dando dixit. III, 505.

312. Unio sacramentalis fit, quando fit manducatio et bibitio. III, 505.

313. Non distribuitur cum pane corpus et cum vino sanguis Christi, *quia* creditur, sed *ut* credatur. III, 507.

314. Loquitur apostolus 1 Cor. 10, 21. non de facto, sed de jure. III, 507.

315. *Wie* aber das zugehe oder *wie* er im Brod sei, wissen wir nicht; sollen's auch nicht wissen. III, 508.

316. Wenn die Schwärmer in allen Sprachen, so auf Erden sind, einen Spruch bringen, darinnen „ist" so viel gelte als „bedeute", so sollen sie gewonnen haben. III, 510.

317. Zum andern ist's auch nicht wahr, dass solcher Tropus Oecolampads in einiger gemeinen Rede oder Sprache sei in der ganzen Welt, und wer

mir dess ein beständig Exempel bringet, dem will ich meinen Hals geben.
III, 514.

318. Das ist Christi Gedächtniss: so man die Kraft und Frucht seines
Leidens lehret *und glaubt*. III, 523.

319. Darum hat der Luther recht gelehret, dass, wer ein böse Gewissen
hat von Sünden, der solle zum Sacrament gehen und Trost holen nicht am
Brod und Wein, nicht am Leibe und Blut Christi, sondern am Wort, das im
Sacrament mir den Leib und Blut Christi, als für mich gegeben und ver-
gossen, darbeut, schenkt und gibt. III, 524.

320. Crede et manducasti. III, 643.

De Praedestinatione et Reprobatione.

321. Wer der reinen Lehre missbrauchen will, dess Verdammniss ist billig.
III, 533.

322. Nihil Deus facit in tempore, quod non ab aeterno decreverit, se in
tempore facturum. III, 535.

323. Credo Deum tantum praedestinasse bona, praescivisse autem bona
et mala. III, 535.

324. Voluntas terminus generalior est, et comprehendit eas etiam res,
quae non fiunt. Propositum autem Dei tantum complectitur ea, quae certo
fiunt. Decretum Dei adhuc strictior gradus est; quando videl. Deus decernit
se certis mediis effecturum id, quod apud se proposuit. III, 536.

325. Die ewige Wahl Gottes vel praedestinatio, das ist, Gottes Verord-
nung zur Seligkeit, gehet nicht zumal über die Frommen und Bösen, sondern
allein über die Kinder Gottes, die zum ewigen Leben erwählt und verordnet
sind, ehe der Welt Grund gelegt ward. III, 537.

326. Die ewige Wahl Gottes aber siehet und weiss nicht allein zuvor der
Auserwählten Seligkeit, sondern ist auch aus gnädigem Willen und Wohl-
gefallen Gottes in Christo JEsu eine Ursache, so da unsere Seligkeit, und was
zu derselben gehöret, schaffet, wirket, hilft und befördert; darauf auch unsere
Seligkeit also gegründet ist, dass die Pforten der Höllen nichts dawider ver-
mögen sollen; wie geschrieben stehet: Meine Schafe wird mir niemand aus
meiner Hand reissen; und abermals: Und es wurden gläubig, so viel ihrer
zum ewigen Leben verordnet waren. III, 538.

327. Non eadem praedestinationis ratio est, quae propositi Dei de redem-
tione hominum. III, 540.

328. Decretum redemtionis . . . prius est electione, puta in signo rationis
divinae. III, 543.

329. Aspice, haec praedestinatio Dei multis est causa standi, nemini causa
labendi. III, 573.

330. Elegit Deus fideles, sed *ut* sint, non *quia* jam erant; non credunt
homines ut eligantur, sed potius eliguntur, *ut credant*. III, 575.

331. So folget auch die Wahl Gottes nicht nach unserm Glauben und Ge-
rechtigkeit, sondern gehet fuerher als eine Ursache dessen alles. III, 574.

332. Quicunque sunt electi, libro vitae sunt inscripti. III, 578.

333. Extra coetum vocatorum non sunt quaerendi electi. III, 578.

334. Etsi Deus ex omnibus nolentibus facere posset volentes, tamen hoc
non facit, et cur non faciat, suas habet justissimas et sapientissimas rationes,
quas inquirere velle nostrum non est. III, 581.

335. Deus non facit, sed invenit vasa irae; vasa gratiae vere non invenit,
sed facit. III, 583.

336. Audi Filium incarnatum, et sponte se offeret praedestinatio. — In-
tuere vulnera Christi et sanguinem pro te fusum; ex istis fulgebit praedestinatio. III, 593 s.

337. De salute nostra certos nos fecit Deus, non autem securos. III, 597.

338. Vitiosa est consequentia: fideles non sunt ad iram positi, ergo cae-
teri sunt ad iram positi. III, 603.

De Ecclesia.

339. Cum ecclesia mater dicitur, hoc tantum fit ratione ministerii, quo verbum et baptismum dispensat. III, 185.

340. Tantum una est sancta ecclesia sive universalis, quae est numerus et universitas praedestinatorum. III, 614.

341. Injuste excommunicati non desinunt esse membra catholicae ecclesiae, etiamsi e visibili et particulari ecclesia ejiciantur. III, 617.

342. Impii sunt in ecclesia, non autem de ecclesia. III, 617.

343. Es weiss, Gott Lob, ein Kind von sieben Jahren, was die Kirche sei, nämlich die heiligen Gläubigen und die Schäflein, die ihres Hirten Stimme hören. Denn also beten die Kinder: „Ich gläube eine heilige christliche Kirche." III, 618.

344. Die christliche Kirch eigentlich nichts anders ist, denn die Versammlung aller Gläubigen. III, 637.

345. Non facimus geminam ecclesiam, aliam sanctorum, aliam mixtam, sed hanc tantum nostris distinctionum esse dicimus, qua ὁμωνύμως von ecclesiae accipitur semel pro coetu fidelium, iterum pro conventu, in quo fidelibus admixti reperiuntur hypocritae. III, 620.

346. Aliud est coetus ex hypocritis et vere ac sincere credentibus constans, aliud est coetus cui admixti sunt hypocritae. Ecclesia proprie dicta non est coetus ex hypocritis et non-sanctis constans, sed est coetus, cui hypocritae et non-sancti admixti sunt. III, 621.

347. Non sunt illi (hypocritae) quidem membra ecclesiae invisibilis nec *visibilis verae*, sed tamen visibilis aggregatae. III, 628.

348. Von der Kirchen werden sie streiten, Kirche heisst auch den gottlosen Haufen, der im Amt ist; welches sie darum streiten, dass sie die Verheissung auf sich deuten mögen. III, 635.

349. Christus sagt klar Matth. 13, dass „der gute Same sind die Kinder des Reichs, das Unkraut sind die Kinder des Teufels", der Acker sei die „Welt", nicht die Kirche. III, 637.

350. Da Christus spricht: „Das Himmelreich ist gleich einem Netze", item, „den zehn Jungfrauen", will er nicht, dass die Bösen die Kirche sein, sondern unterrichtet, wie die Kirche scheinet in dieser Welt. III, 637.

351. Qualis est doctrina, quae in publico ecclesiae ministerio sonat, talis etiam judicatur esse illa ecclesia. III, 640.

352. Sacramenti usurpatio est nota confessionis et doctrinae; qui ergo doctrinam illius ecclesiae, in qua sacramento uti vult, pro vera non agnoscit, is sacramento quoque salva conscientia in illa ecclesia uti non potest. III, 643.

353. Müssen wir doch bekennen, dass die Schwärmer die Schrift und Gottes Wort haben in andern Artikeln, und wer es von ihnen höret und glaubt, der wird selig, wiewohl sie unheilige Ketzer und Lästerer sind. III, 646.

354. Ubicunque administratur baptismus, ibi est aliqua Christi ecclesia. III, 647.

355. Extra ecclesiam non est salus. III, 647. 652.

356. Non ab ecclesia Rom. per reformationem separamus nos, ut dictum, sed malum adhaerens removimus saltem, sc. papatum, et nostram ecclesiam particularem esse concedimus, solam autem esse eam veram ecclesiam, non dicimus. III, 647.

357. Ecclesia, quatenus impura, non est ecclesia. III, 647.

358. Sanctiores aures plebis, quam corda sunt sacerdotum. III, 647.

359. Sie will nicht ersehen, sondern ergläubt sein. III, 649.

360. Fieri potest, ac divinitus praedictum est fore, ut ecclesia aliquamdiu nulla sui parte sit visibilis, seu ut ecclesia visibilis prorsus deficiat. III, 651.

361. Darüber wird die rechte Lehre und Kirche oft so gar untergedrückt und verloren, wie unterm Pabstthum geschehen, als sei keine Kirche, und lässt sich oft ansehen, als sei sie gar untergangen. III, 652.

362. Voces illae, schisma et haeresis, si usum biblicum respicias, habent sese ut terminus latior et strictior. Nam schisma in sacris quamvis scissionem significat, sive ob dogmata, sive ob ceremonias. ... Haeresis autem sectam notat phrasi Scripturae in primario fidei articulo errantem. III, 663.

17

363. Si qua est ecclesia, quae fidem respuit, deserenda est. III, 665.

364. In omnibus illis [articulis fidei] requiritur consensus ad legitimam pacem ecclesiasticam. III, 666.

365. Dieses ist genug zu wahrer Einigkeit der christlichen Kirche, dass da einträchtiglich nach reinem Verstand das Evangelium geprediget und die Sacramente dem göttlichen Worte gemäss gereicht werden. Und ist nicht noth zu wahrer Einigkeit der christlichen Kirche, dass allenthalben gleichförmige Ceremonien, von den Menschen eingesetzt, gehalten werden. III, 668.

366. Dissonantia jejunii non dissolvit consonantiam fidei. III, 668.

367. Mir nicht des Friedens und Einigkeit, darüber man Gottes Wort verleuret; denn damit wäre schon das ewige Leben und alles verloren. III, 670.

De Ministerio Ecclesiastico.

368. De ministerio tractari potest dupliciter: 1. *abstractive*, prout ipse status, ipsumque officium christianae considerationi subjacet, quo respectu agitur de ministerio artic. 5. Augustan. Conf.; 2. *concretive* seu ratione personarum, quae in hoc sacro officio versantur, sic artic. 14. Augustan. Conf. de hoc themate agitur, quod sc. *nemo debeat publice in ecclesia docere aut sacramenta administrare, nisi legitime vocatus.* III, 685.

369. Ministerium ecclesiasticum, hoc est, verbum Dei praedicatum et auditum. III, 685.

370. Unser keiner wird in der Taufe ein Apostel, Prediger, Lehrer, Pfarrherr geboren, sondern eitel Priester und Pfaffen werden wir alle geboren; darnach nimmt man aus solchen gebornen Pfaffen und beruft oder erwählt sie zu solchen Aemtern, die *von unser aller wegen* solch Amt ausrichten sollen. III, 687.

371. Daher kömmt's, dass in der Noth ein jeglicher täufen und absolviren kann; das nicht möglich wäre, wenn nicht alle Priester wären. III, 687.

372. Wir haben eine gewisse Lehre, dass das Predigtamt vom gemeinen Beruf der Apostel herkommt, und ist nicht noth, dass alle dieser einigen Person Petri Beruf oder Bestätigung haben. III, 688.

373. Etsi ministri boni hodie Christi in ecclesia militante sunt vicarii, constitutio tamen eorundem pertinet ad officium ejus regium. III, 689.

374. Manifestum est, idem significare in s. lit. potestatem ecclesiasticam et claves. III, 690.

375. Gleichwie die Verheissung des Evangelii gewiss und ohne Mittel der ganzen Kirchen zugehöret, also gehören die Schlüssel ohne Mittel der ganzen Kirchen, dieweil die Schlüssel nichts anders sind, denn das Amt, dadurch solche Verheissung jedermann, der es begehrt, wird mitgetheilet; wie es denn im Werk vor Augen ist, dass die Kirche Macht hat, Kirchendiener zu ordiniren. III, 691.

376. Die Schlüssel werden gezogen auf alles das, damit ich meinem Nächsten helfen kann, auf den Trost, den einer dem andern geben kann, auf die öffentliche und heimliche Beichte, auf die Absolution, und was des Dinges mehr ist, aber doch fürnehmlich auf das Predigen. III, 692.

377. Es werden nur darum etliche aus dem Haufen hervorgezogen, dass sie an Statt der Gemeinde das Amt führen und treiben, welches sie alle haben. III, 693.

378. Itaque potestas ipsa toti ecclesiae communis quidem est, *usus* autem et exercitium non nisi iis permittitur, qui ab ecclesia huic sunt officio per legitimam vocationem destinati, ejusdemque nomine possident, h. e., legitimis ecclesiae ministris, qui bona illa coelestia, Christi cruento proelio parta, ecclesiae nomine dispensent. III, 695.

379. Munus . . . perpetuum est, quia libere ac licite extra casum necessitatis nec a vocato deponi, nec a vocante per modum contractus ad certos annos, aut cum reservatione facultatis dimittendi libere vocatum, conferri potest. III, 696.

380. Ubicunque adhuc aliqua est ecclesia, . . . ibi quoque ordinatio ad ministerium vera esse potest. III, 698.

381. Ordinatio ritus est ecclesiasticus. III, 699.

382. Deficiente vocatione, locum nondum habere potest ordinatio. III, 702.

383. Illam (potestatem praedicandi verbum et administrandi sacramenta) vocant potestatem *ordinis*, hanc vero (potestatem clavium) *jurisdictionis ;* in qua nomenclatura quamvis aliquid desiderari possit, tamen, cum usu ecclesiae sit recepta, ideo sano sensu eam retinemus. III, 703.

384. So das Amt des Worts einem verliehen wird, so werden ihm auch verliehen alle Aemter, die durch das Wort in der Kirche werden ausgerichtet. III, 705.

385. Gradus in officio s. sunt ordinis quidem, non vero jurisdictionis respectu. III, 706.

386. Christus gibt das höchste und letzte Gericht der Kirchen, da er spricht: „Sag's der Kirchen." III, 714.

387. Drum können wir den Bischöfen weder durch kirchliches noch weltliches Recht die Macht einräumen, der Kirchen etwas zu befehlen, wenn es noch so recht und gottselig wäre, denn es muss nichts Böses geschehen, dass Gutes daraus erfolge. III, 720.

388. Das geistliche Regiment ist allein auf die Sünde gestellet. Wo die Sünde angehet, da soll dieses Regiment auch angehen, und sonst nicht. III, 720.

De Magistratu Politico.

389. Tres hierarchias ordinavit Deus contra diabolum, scl. oeconomiam, politiam *et* ecclesiam. II, 126. III, 725.

390. Civitas non est in ecclesia, sed ecclesia in civitate. III, 725.

391. In magistratu est exusia principalis, organicae, quae est in ministerio ecclesiastico, contradistincta. III, 185.

392. Aus der Eltern Oberkeit fleusst und breitet sich aus alle andere. III, 726.

393. In imperio constituendo jus ac potestas constituendi sibi magistratum jure naturali et gentium est penes populum. III, 729.

394. Das weltliche Regiment gehet mit viel andern Sachen um denn das Evangelium ; welche Gewalt schützt nicht die Seelen, sondern Leib und Gut wider äusserliche Gewalt mit dem Schwert und leiblichen Pönen. III, 730.

395. Oberkeit soll nicht wehren, was jedermann lehren und glauben will, es sei Evangelium oder Lügen; es ist genug, dass sie Aufruhr und Unfried zu lehren wehren. III, 732.

396. Si magistratus est fidelis et commembrum ecclesiae, vocat, non quia est magistratus, sed quia est commembrum ecclesiae. III, 733.

397. Princeps, quatenus princeps, divina ordinatione est caput reipublicae; qua christianus, est membrum ecclesiae ac societatis ecclesiae vindex. III, 741.

398. Si rex partem habeat summi imperii, partem alteram populus, senatus, regi in partem non suam involanti vis juste opponi potest, quia eatenus imperium non habet. III, 742.

399. In reos majestatis et publicos hostes omnis homo miles est. III, 742.

400. Distinguendum est inter subditos meros et mixtos. III, 743.

De Statu Domestico.

401. Ministri ecclesiae, utpote quibus animarum ac conscientiarum cura est commissia, a causarum matrimonialium dijudicatione non possint simpliciter removeri. III, 746.

402. Parentum consensus non solum ad honeste, verum etiam ad valide contrahendum requiritur. III, 747.

403. Juramentum non est vinculum iniquitatis. III, 747.

404. Clandestina sponsalia, etsi concubitu confirmata, ipso jure sunt nulla. III, 747 s.

405. Consensus mutuus facit matrimonium III, 749.

406. Sponsa judicio Dei est uxor. III, 751.

407. Es ist ebensowohl eine Ehe nach dem öffentlichen Verlöbniss, als nach der Hochzeit. III, 752.

408. Praecepta de prohibitis conjugii gradibus in Levit. 18. et 20. tradita moralia esse et perpetui juris, h. e., omnes omnino homines et non solos Judaeos obligare constat. III, 756.

409. Lex generalis est: Nullus ad carnem carnis suae accedat. III, 757.

410. Propter pristinum (delictum), quod se condonasse conjugali cohabitatione testatus est, non poterit ex post facto divortium petere. III, 774.

411. Quando personae illegitime conjunctae separantur, non tam divortium est, quam declaratio, quod in conjunctione illa non fuerit vinculum conjugale. III, 776.

412. Non de capite, nec de pedibus sumptum est id unde fit mulier, ne aut domina, si de capite, aut ancilla, si de pedibus, putaretur: ideo de medio, id est, costa sumi debuit, ut socia intelligeretur. II, 94.

413. Liberi non eliguntur voluntate parentum, sed a natura accipiuntur. III, 780.

414. Manifeste Deus sancit proprietatem et distinctionem. III, 704.

Philosophica, Logica etc.

415. Veritas est una in conceptu generali, interim quaelibet disciplina sua habet axiomata, quae non sunt trahenda in aliud forum, sed in sua sphaera relinquenda, ne fiat μετάβασις εἰς ἄλλο γένος. I, 22. 85.

416. Ex nihilo nihil fit. I, 85.

417. Totum est majus sua parte. I, 85.

418. Finitum non est capax infiniti. I, 85. III, 58.

419. Accidens non mutat rei essentiam. I, 93.

420. Argumenta aliquando adducuntur, ex quibus sigillatim sumptis non proclive est concludere, quod planum est. I, 122 s.

421. Circulus committitur, quando probatio fit ejusdem ab eodem secundum idem. I, 136.

422. Est dubitatio negationi proxima. I, 138.

423. Πρόφασις est, non αἰτία! I, 164.

424. Quot sunt personae, tot sunt essentiae. Omne individuum humanum per se est persona. Omne genitum numerica essentia diversum est a generante. I, 181.

425. Omnis discursus ultimo resolvitur in illud principium: Impossibile est, idem simul esse et non esse. I, 182 s.

426. Adire ad judicem, est adire ad jus. I, 184.

427. In principio aliquo convenire necesse est, qui in conclusione convenire volunt. I, 184.

428. Omne genus cum suis speciebus ac individuis in plurali numero multiplicatur. II, 15.

429. Actiones et passiones sunt suppositorum. II, 62. III, 31.

430. Exclusiva non excludit concomitantia. II, 73. III, 277.

431. Causae efficientes proprie sunt effectuum realium et positivorum. II, 225.

432. Non statim, qui potest impedimentum tollere, nec tollit, causa est impediti effectus. III, 16.

433. Subordinata non pugnant. III, 21. — Subord. non sunt sibi invicem opponenda. III, 473.

434. Perfectio rei ex essentia ipsa, non ex subsistentia aestimatur. III, 24.

435. Dici requirit inesse. III. 30. — Modus praedicandi sequitur modum essendi et dici de aliquo requirit inesse. III, 36.

436. Compositae substantiae insunt omnes actiones et passiones, sed propter naturas, ex quibus est composita. III, 47.

437. Dulcia non sentit, qui non gustavit amara. III, 102. 257.

438. Opposita ad eandem facultatem referri solent. III, 133.

439. Opposita sunt sub eodem genere. III, 247.

440. Duo opposita simul stare nequeunt. II, 225.
441. Magis ac minus non variant speciem. III, 137.
442. Voluntatis est, extra se ferri in objectum; sicut contra intellectus est, objectum per species sibi impressas in se cognoscere. III, 144.
443. Ejus naturae in quolibet argumento est conclusio, cujus est propositio major. III, 165.
444. Propter quod unum quodque est tale, est ipsum magis. III, 170.
445. Nihil videtur factum, siquid superest, quod agatur. III, 171.
446. Non-entis non sunt affectiones. III, 199.
447. Privative opposita se invicem formaliter expellunt e subjecto. — Opposita, quae contrariam extra se habitudinem important, se quoque invicem ex subjecto formaliter expellunt. III, 200.
448. Effectus sua causa non potest prior esse. III, 257.
449. Agere praesupponit esse. III, 278.
450. Malum nascitur ex quovis defectu. III, 323.
451. Virtus diligenda est propter se ipsam. III, 327.
452. Definitio est λόγος οὐσίας — debet constare ex prioribus et notioribus. III, 403.
453. Pars rei non est genus rei ut totius. III, 403.
454. Genus non debet esse ambiguum [in definitione]. III, 403.
455. Definitum et genus definitionis in eodem oportet esse praedicamento. III, 404.
456. A praesentia ad materiam N. V. C. III, 412.
457. Sublata parte essentiali, non potest salva manere essentia totius. III, 444.
458. Quod communicat solem, communicat etiam radios. III, 524.
459. Quod est causa executionis, est etiam causa decreti. III, 562.
460. Omne, quod est, eo ipso, quod est, impossibile est non esse vel aliter esse. III, 590.
461. Quod perpetuum non est, essentiale esse nequit. III, 631.
462. Denominatio fieri oportet a potiori. III, 650 s.
463. Definitiones, regulae ac canones dari debent de idea. III, 654.
464. Non multitudo errantium parit errori patrocinium. III, 660.
465. Principium, quo quis nititur in propugnanda certa sententia potius, quam persona, venit attendenda. III, 660.
466. Ubi par ratio, ibi idem jus. III, 757.
467. Voluntas actiones distinguit et causae faciunt rerum discrimina. III, 775.

IV. INDEX TERMINORUM.

Omnes termini, qui in hoc compendio explicantur sub Indice Rerum, Nominum, Autorum inveniri possunt; cf. finis cujus, subjectum quod, formaliter, principia, et alia. — Haec dicta hac de re conferri possunt.

„Terminos artis in dogmatibus Christianae religionis tradendis imprimis apud antiquiores receptos Baierus adhibet ac in usum traducit satis apte. Sic auditores ad intelligentiam terminorum, sine qua veteres cum fructu legere non valent, sensim adducuntur. Quod eo majorem utilitatem spondet, quo minus carere possumus eorum theologorum scriptionibus, quae, mox post reformationis tempora et sequenti aetate theologiae dogmatibus lucem adfundere studuerunt." J. P. Reuschius, Annotationes etc. Praefatio.

„So gegründet auch die Klage ist, dass nicht selten mit der scholastischen Form auch aristotelische Philosophie sich in die Theologie eingeschlichen hat, so ist doch jene Form auch bei einer namhaften Anzahl unserer Theologen das Mittel gewesen, Vagheit der Begriffe fern zu halten und den Leser über den Sinn des Autors ohne grossen Aufwand von Worten gewiss zu machen. Gerade ein Baier aber hat in seiner Theologie keinen anderen als einen solchen heilsamen Gebrauch von den philosophischen Kunstwörtern gemacht. Wer sich nur einmal darin zurecht gefunden hat, kann ihm für diese seine Lehrform nur Dank wissen." C. F. W. Walther, „Lehre und Wehre" I, 342.

„Es gibt auch wichtige vielgebrauchte theologische Termini, über deren Richtigkeit oder Unrichtigkeit und über deren eigentlichen Sinn selbst manche unserer besten Dogmatiker selbst nicht einig sind, so dass der eine immer den des anderen als einen inadäquaten zurückweist oder denselben in einem anderen Sinne nimmt. Daher ist nicht nur eine gründliche Kenntniss der besten dogmatischen Werke unserer Kirche schlechterdings nöthig, wenn man aus denselben die Frage, ob ein Lehrtypus echt lutherisch sei, entscheiden will, es gehört auch ein bescheidener, vorsichtiger, leidenschaftsloser, sich nicht überstürzender Geist dazu." Idem. „Lehre und Wehre" XXVI, 42.

V. NONNULLA BAIERIANA,

pleraeque phrases, opiniones, τρόποι παιδείας Baieri, quae
Dr. Walther non approbavit.

---

1. Dari scientiam practicam. I, 6. (Vid. verba Hunnii ibid.)
2. Theologiae genus esse scientiam practicam. I, 32. 33 s. (Vid. verba Calovii I, 34 s.; „Lehre und Wehre" 34, 97 s.)
3. Verbum elevari. 1, 159 s. (Vid. „Lehre und Wehre" 27, 49 s.)
4. Sacramenta elevari. III, 405. (Dr. Walther in praelectionibus academicis 1881—1882 teste hujus indicis autore: „Mir gefällt dieser Ausdruck gar nicht; gibt Gott sein Wort, so hat es schon die Kraft. Es bedarf gar keiner elevatio. Man soll nicht so reden. Die Sacramente sind nichts anderes als Wort.")
5. Diabolos in inferno tortores fore. II, 141. 215. (Vid. verba Scherzeri et Rambachii II, 141. — Praelect. Academ. 1880—1881: „Ich glaube es auch nicht, dass die Teufel die tortores sind.")
6. A phrasi peccatum originis non esse causam adaequatam damnationis abstinendum. II, 217. (Vid. verba Scherzeri II, 218.)
7. Opinionem de notabili conversione Judaeorum ante judicium extremum non rejicit. II, 257. (Vid. verba Lutheri et Quenstedt. II, 257 s.)
8. Varia de fide: fidem esse causam impulsivam minus principalem — justificationis et salutis. I, 41. II, 200. III, 162. 265. 299. — fidem esse causam impulsivam minus principalis decreti electionis. III, 559 ss. 568. 602. — intuitu fidei Deum praedestinasse. I, 62. III, 550. (Vid. I, 42. III, 266 ss. 564 ss. — „Lehre und Wehre" 27, 142 s. 26, 42 ss.)
9. De habituali fide et habitu fidei. III, 177. 187. 202. 265. (Praelect. Academ. 1881—1882: „Es ist nicht sehr zu empfehlen, diesen Unterschied zu machen. Es ist der Glaube eine fortwährende Thätigkeit, ein immerwährendes Zugreifen. Nur wissen wir nicht, wie das z. B. im Schlafe geschieht, und da helfen sich die Theologen so, dass sie einen habitus fidei annehmen. Es ist gerade nicht falsch, führt aber leicht auf falsche Vorstellungen.")
10. Regenerationem successive fieri. III, 187. (Vid. III, 179. „Lehre und Wehre" 18, 293 ss.)
11. Inter conversionem late et stricte sic dictam minus bene distinguit. III, 202. 203. 204 s. — Magis magisque hominum cum Deo conjungi et reconciliari. III, 202. 203.

12. In conversione hominem aliquid cum gratia operante agere. III, 220.
221. 222. 240. 307. (Praelect. Academ. 1881—1882: „Schon vor zwanzig
Jahren hat ein Professor in Rostock gegen mich geschrieben und gelacht,
dass ich den Baier eingeführt hätte. Ich habe schon in Leipzig, als ich noch
Student war, gewusst, dass Baier nicht recht stand." ad § 38: „Nur im
Fall, dass Baier unter progressus die tägliche Busse versteht, ist es richtig.
Wer so unterscheidet, dass der progressus zur eigentlichen Bekehrung gehört, der ist ein falscher Lehrer." ad § 37, nota d.: „Mit seiner sonstigen
Erklärung kann ich dies nicht gut vereinigen. Es ist mir oft vorgekommen,
als ob unser lieber B. selber nicht klar gewesen wäre." ad § 47, „porro ad-
jutus": „Dies ist falsch und von allen andern verworfen; Calov und Quenstedt haben dies entschieden bekämpft an Musäus." „Lehre und Wehre"
18, 293 ss. et alibi.)

13. A malitiosa resistentia homines ex liberi arbitrii viribus abstinere
posse. III, 233. (Vid. verba Hollazii III, 15 s. — „Lehre und Wehre" 26,
501. 27, 000 ss. 28, 202 ss. 315 ss. 348. 393, 444, 513 s. — I. Südlicher Synodal-
Bericht. 1882, p. 27 s.)

14. Legem esse causam instrumentalem renovationis. III, 308. (Vid.
Carpzovius III, 308 s. — Praelect. Academ. 1881—1882: „Es ist mindestens
bedenklich, das Gesetz eine causa instrumentalis zu nennen, man müsste da
auch etwa Kreuz etc. so nennen. Nein, nur das Evangelium ist causa instrumentalis. Ich kann Ihnen nur rathen, den τρόπος παιδείας B.'s in dieser Sache
nicht anzunehmen.")

15. Legem dictare renatis. ibid. („Nie den renatis als solchen." l. c.)

16. Ps. 1, 2. et Ps. 119 de lege agere. ibid. („Das ist ganz falsch, unter
Gesetz ist hier immer Evangelium gemeint." l. c.)

17. Finem renovationis ex parte hominis esse vitam aeternam. III, 312.
(„Man darf nicht auf den Gedanken kommen, als ob die Seligmachung er-
reicht würde durch renovatio; terminus wäre genug gewesen. So käme man
auf Eudämonismus. — Ich kann nicht eher mich erneuern, ehe ich schon die
Seligkeit habe." l. c. — vid. Carpzov. et al. III, 312 s.)

18. De renovationis norma. III, 318. (Ad verbum „ecclesiasticae":
„Wenn er darunter die mosaischen Ceremonialgesetze versteht, so lasse ich
es mir gefallen. Wir sind aber jetzt an gar kein Gesetz gebunden. Es kommt
das von den Staatskirchen, dass die D. D. hier so überaus unklar sind." [l. c.]
Ad verbum „ad utilitatem publicam tendentis": „Das ist auch nicht vor-
sichtig, denn wie viele Gesetze werden nicht gegeben, welche nicht nützlich
sind, und wir müssen doch gehorchen und thun damit gute Werke." l. c.)

19. Tertium mandatum certi temporis ac diei destinationem habere.
III, 351. (Vid. dicta III, 351 ss. — „Lehre und Wehre" 10, 321 ss. 345 ss.
11, 4 ss. 83 ss.)

20. Dilectionem nostri in proximi dilectione comprehendi. III, 344.
cf. ad praecepta VII. et VIII. 357. 366. („Lehre und Wehre" 12, 333 ss. —
Thesen über den Wucher. St. Louis 1876. p. 9 s. — „Lehre und Wehre"
28, 132.)

21. Formulam Concord. XI. de praedestinatione late sumpta agere. III,
537. 539. („Lehre und Wehre" 27, 144.)

22. De praedestinationis definitione. III, 550. 602. 608. — praedestinationem et reprobationem oppositorum rationem habere. III, 550. — ad Rom.
8, 29. III, 568. 612. — πρόγνωσιν esse actum solius intellectus. II, 161.
(„Lehre und Wehre" 26, 129 ss. 135 ss. 73 ss. 197 ss.)

23. Oeconomiam et politiam esse intra ecclesiam. II, 126. III, 724. 745.
(Vid. Lutherus et Brentius II, 126. III, 725. — „Lehre und Wehre" 2, 290 ss.
361 ss.)

24. Magistratum habere auctoritatem circa sacra. III, 731. 733. (26. West-
licher Synodal-Bericht 1885, p. 35 ss. — „Lehre und Wehre" 21, 231 ss.)

25. Benedictionem sacerdotalem ad conjugii causam pertinere. III, 751.
(Americanisch-lutherische Pastoraltheologie, p. 238 ss.)

26. Coelum ab elementis physicis distinguendum. II, 77. (Vid. Reuschius
II, 77 s.)

27. De coenae sacrae administratione per laicum. III, 494. (Vid. Grapius III, 494. — 4. Iowa-Synodal-Bericht 1883, p. 58 s.)

28. Hominem indifferenter se habere. III, 317. (Ad notam c.: ,,So ganz indifferenter verhält sich der Mensch doch nicht. ... Es hat der Wieder-geborene wohl Lust zum Gutes thun, aber Böses thun wird ihm leichter.'' l. c.)

29. Principia rationis materialia etiam in theologia usurpari. I, 180. (Ad notam e.: ,,Ich glaube, dass hier schon zu viel zugegeben ist, denn ich meine, dass wenn, e. g., der Heilige Geist das Wort ,Mensch' gebraucht, er eben unsere Erklärung des Wortes voraussetzt.'' 1880—1881. l. c.)

CORRIGENDA.

i. = linea ab initio; **f.** = linea ab fine.

Vol. I.

Pag. 33, lin. 14 **i.** loco pendentem lege prudentem.
,,   65,   ,,   21 **f.**   ,,   moralis lege mortalis.
,,   77,   ,,   4 **f.**   ,,   kein lege ein.
,,   106,   ,,   25 **i.**   ,,   erroris lege exortis.
,,   139,   ,,   27 **f.**   ,,   ἐξοικῶς lege ἐξοχικῶς.

Vol. II.

Pag. 28, verba Osiandri pone p. 29 sub nota a.
,,   65,   lin.   4 **i.** loco affectum lege effectum.
,,   156,   ,,   5 **f.**   ,,   boni lege leoni.
,,   176,   ,,   9 **i.**   ,,   46. Sed non coacte. Necess. lege 46.; sed non coacte, necess.
,,   181,   ,,   9 **f.**   ,,   ἀδύνατόν lege ἀδύνατόν.
,,   199,   ,,   10 **i.**   ,,   auleatis lege aulaetis.

Vol. III.

Pag. 24, lin. 20 **i.** loco subsistentiae persona lege personae subsistentia.
,,   60,   ,,   3 **i.**   ,,   non in abstracto lege in abstracto, non.
,,   64,   ,,   2 **f.**   ,,   Si lege Sic.
,,   88,   ,,   26 **i.**   ,,   personalis lege unionis personalis.
,,   94,   ,,   15 **f.**   ,,   nostrorum lege nostrum, uti peccata nostra causa meritoria fuere mortis Christi, constituitur, quod merito peccatorum nostrorum ipse etc.
,,   104,   ,,   23 **f.**   ,,   indefinite lege infinite.
,,   110,   ,,   4 **i.**   ,,   sacramentum lege sacrificium.
,,   156,   ,,   24 **f.**   ,,   vocant lege vorant.
,,   190,   ,,   1 **i.**   ,,   radius et lege radius est.
,,   210,   ,,   12 **f.**   ,,   transitive lege intransitive.
,,   225,   ,,   7 **f.**   ,,   supplicantibus lege suspicantibus.
,,   248,   ,,   26 **i.** post liberatur. adde: Vel 9. *administrationem justitiae inter partes litigantes*, 2 Sam. 15, 4.: ,Quis me constituit judicem, ut justificam eos', i. e., judi-cis partes inter illos administrem.
,,   290,   ,,   16 **f.** loco fabulosam lege sabulosam.
,,   365,   ,,   5 **i.**   ,,   mutationis lege mutuationis.
,,   371,   ,,   10 **f.**   ,,   significata — sunt, lege significaverunt et pronun-ciaverunt, etc.

www.ingramcontent.com/pod-product-compliance
Lightning Source LLC
Chambersburg PA
CBHW071847090426
42811CB00029B/1945